10대가 묻고 ___ 철학이 답하다

공부는 왜 해야 할까?

10대가 묻고 ___ 철학이 답하다

공부는 왜
해야 할까?

초판 1쇄 발행 2026년 1월 23일

글쓴이 남기성
그린이 최진영

편집장 천미진
편집책임 최지우
편 집 김현희
디자인 최윤정
마케팅 한소정
경영지원 한지영

펴낸이 한혁수
펴낸곳 도서출판 다림
등 록 1997. 8. 1. 제1-2209호
주 소 07228 서울시 영등포구 영신로 220 KnK디지털타워 1806호
전 화 02-538-2913 팩 스 070-4275-1693
다림 카페 cafe.naver.com/darimbooks
블로그 blog.naver.com/darimbooks
전자 우편 darimbooks@hanmail.net

ISBN 978-89-6177-363-8 (43190)

공부는 왜 해야 할까?

10대가 묻고 ___ 철학이 답하다

남기성 글
최진영 그림

다림

"공부는 왜 해야 할까?"
"돈이 많아야 행복한 걸까?"
"내 삶에는 어떤 의미가 있을까?"
"내 마음대로 하는 게 진짜 자유일까?"

이런 질문들은 시험에 나오진 않지만, 어쩌면 성적표보다 더 중요해. 눈에 보이는 점수보다, 네 마음속 이런 고민들이 네가 어떤 사람으로 살아갈지를 더 크게 결정하니까. 이 책은 바로 그 물음들에서 시작해.

요즘 너희들의 삶을 보면서 나는 자꾸 궁금해졌어. 숏츠와 유튜브 속에서 시간을 보내고, "유튜버가 되고 싶다." "게이머가 되고 싶다." "돈을 많이 버는 직업을 갖고 싶다."라는 꿈을 말하는 아이들이 점점 많아졌지. 이런 꿈이 나쁘다는 건 절대 아니야. 다만 한

가지는 궁금했어. 앞으로의 세상에서 정말 빛나는 힘은 무엇일까?

아이폰이나 테슬라처럼 세상을 바꾼 것들을 보면, 그건 단순한 기술의 결과가 아니었어. 그 안에는 '사람은 무엇을 편하게 느끼는가' '우리는 지구와 어떤 관계를 맺고 살아야 하는가' 같은 근본적인 고민이 있었지. 결국 사람과 삶을 깊이 생각한 인문학적 탐구들이 세상을 움직여 왔어.

그냥 돈을 많이 벌기 위해 직업을 선택하는 것과, 스스로 의미를 느끼며 길을 걷는 건 전혀 다른 삶이 될 거야. 우리가 오래 기억하는 사람들도 기술만 뛰어난 이들이 아니라, 인간과 사회를 깊이 이해했던 사람들이었고. 그래서 청소년들이 흔히 품는 질문들을 조금 더 깊이 들여다보고 싶었어.

많은 사람들이 말해. "철학은 어렵다." "대학 가서나 배우는 거다." 하지만 너는 이미 철학을 하고 있어. "왜 꼭 이걸 해야 하지?" "왜 내 마음대로 하면 안 되지?" 이런 생각들이 바로 철학의 시작이니까.

철학은 딱딱한 학문이 아니야. 철학은 살아 있는 물음이고, '어떻게 살아갈 것인가'에 대한 성찰이야. 당장 내일 시험에는 도움이 안 될지 몰라도, 네 삶을 더 단단하게 만드는 힘이 될 거야.

이 책에서는 플라톤부터 빅터 프랭클까지, 많은 철학자들이 너와 비슷한 고민 앞에서 어떤 생각을 했는지 이야기하려고 해. 그들도 처음에는 답을 가진 사람이 아니라, 묻는 사람이었어.

각 장은 너희들이 자주 품는 궁금증에서 시작해. 공부, 자유와 책임, 불안, 관계, 삶의 의미 같은 고민들이지. 그리고 그 주제에 응답했던 철학자들의 생각을 함께 살펴볼 거야.

이들의 말이 지금까지 전해지는 이유는 뭘까? 그것이 단순한 지식이 아니라 삶의 지혜이기 때문이야. 시험 점수는 잊혀져도, 네가 스스로에게 던진 물음과 찾은 대답은 오래 남을 거야.

이 책은 처음부터 끝까지 순서대로 읽지 않아도 괜찮아. 지금 가장 마음에 걸리는 고민부터 펼쳐 봐. 중요한 건 읽는 게 아니라, 대화하듯 나를 되돌아보는 거니까. '잠깐, 너는 어떻게 생각해?'의 질문에 솔직하게 네 이야기를 털어놓는 거지. 이 책 속 철학자들은 완벽한 답을 내놓지 않아. 대신 더 나은 탐구를 시작하게 해 줄 거야.

“왜?”라고 묻는 용기, 그리고 “나는…”으로 시작하는 너만의 대답

을 찾아가는 여정을 응원해.

묻는 순간, 너는 이미 철학자야.

이 책이 그 여정에 작은 등불이 되길 바라.

생각의 편에 서 있는 사람
남기성

차례

1장 진로

2장 감정

• 철학자의 이름은 국립국어원 표기법을 기본 기준으로 삼되, 본문에서는 가독성을 고려해 익숙한 표기를 사용했습니다.

• 본문에 인용된 철학자의 문장은 각 철학자의 글과 사유를 토대로 재구성한 표현입니다.

1장

진로

"지금 느끼는 궁금함, 지금 겪는 불편함,
지금 떠오르는 아이디어가 바로 네 공부의 시작점이다."

존 듀이(John Dewey)

1

공부는 왜 해야 할까?

…

국어 성적 떴다. 처참 그 자체.

하, 진짜 이번엔 좀 잘 본 줄 알았는데….

국어 지문 읽을 때마다 무슨 말을 하는 건지 이해를 못 하겠다.

'이 시에서 말하는 허무의 정서는 무엇인가?'

참 나, 허무하니까 허무하다고 했겠지. 작가가 과연

'고독 속에서 존재의 본질을 탐구함' 같은 걸 의도해서 썼을까?

어차피 시험 끝나면 다 잊어버릴 거,

달달 외우기만 하는 게 무슨 의미가 있는지 모르겠다.

이런 공부가 과연 내 인생에 도움이 될까?

국어 성적... 처참 그 자체네...
읽을 때마다 무슨 말인지 전혀~ 모르겠다...
이 시에서 말하는 허무의 정서는 무엇인가?
참 나, 허무하니까 허무하다고 했겠지.
이런 공부가 과연 내 인생에 도움이 될까?

공부는 왜 해야 할까?

이 질문은 많은 청소년이 속으로 품고 있는 가장 근본적인 질문 중 하나야. 하지만 교실이나 집에서 이 질문은 종종 가볍게 흘러나오곤 해. "공부는 해야 하니까 하는 거지." "그게 다 너의 미래를 위한 거야." 이런 대답들은 듣는 이를 더 혼란스럽게 만들기도 하지. 정작 내 삶과 연결되지 않는 공부라면, 그건 내 것이 아닌 것처럼 느껴져. 미국의 교육철학자 듀이는 이 질문에 진지하게 귀 기울였던 사람이었어. 그는 교육을 단순한 지식 전달이 아닌, 삶 그 자체로 바라보았지.

> "교육은 미래를 위한 준비가 아니라
> 지금, 이 순간을 살아가는 방식이다."

듀이는 우리가 공부를 통해 세상을 이해하고, 자신을 성장시키며, 더 나은 삶을 살아갈 힘을 얻는다고 말했어.

공부는 경험의 재구성이다

그는 책 속의 문장이 아니라, 삶 속의 물음에서 공부가 시작된다고 믿었어. 예를 들어, 지구 온난화라는 단어를 외우는 것보다, "왜 겨울이 예전보다 짧아졌을까?" 하고 궁금해하는 태도, 그리고 그것을 직접 탐구해 보는 과정이 바로 공부라는 거야.

"인간은 경험을 통해 배우며
교육은 살아 있는 경험을 재구성하는 과정이다."

듀이에게 공부란, 실생활과 동떨어진 시험 대비용 지식이 아니라, 내가 오늘 겪는 불편함, 궁금함, 낯섦을 해소하기 위한 '도구'였어. 즉, 공부는 정답을 맞히기 위한 훈련이 아니라, 질문을 발견하고 해결해 보는 탐구의 여정인 거지.

생각의 시작, 의심

"생각은 의심에서 시작된다."

듀이의 철학에서 가장 중요한 키워드는 '의심'과 '탐구'야. 교과서에 적힌 설명을 그대로 외우는 게 아니라, 그 설명이 정말 맞는지, 다른 관점은 없는지, 그것이 나와 무슨 관련이 있는지를 의심해 보는 것. 이것이 듀이가 말한 진짜 공부의 시작이지. 예를 들어, 수학 문제를 푸는 도중 "왜 이런 공식이 필요하지?" "이건 실제로 어디에 쓰일까?"라고 스스로 묻는 순간, 그 공부는 내 것이 되기 시작해.

듀이는 학생들이 자기 머리로 생각해 보도록 돕는 교육을 지지했어. 왜냐하면, 진짜 사고력은 이미 충분히 알고 있다고 생각하는 데서가 아니라, 모른다는 걸 인정하고 그 의문에서 출발하는 데서 시작되기 때문이야. 의심은 결함이 아니라 가능성이야. 이런 태도를 비판적 사고라고도 해. '왜일까?' 하고 묻는 순간 생각은 자라기 시작하지.

나의 목소리를 갖는다는 것

그렇다면 공부는 왜 해야 하는 걸까? 좋은 성적을 받기 위해서? 좋은 대학에 가기 위해서? 사실, 그보다 더 중요한 목표가 있어. 바로 "나는 이렇게 생각해."라고 말할 수 있는 사람이 되기 위해서야. 듀이는 진짜 '나'를 알고, 표현하기 위해서 공부를 해야 한다고 생각했어.

듀이에게 공부란, 지식을 받아들이는 일이 아니라 생각을 키우는 일이었어. 선생님이 말한 걸 그대로 따라 쓰는 게 아니라, 왜 그런 생각을 했는지 이유를 되짚고, 내 경험에 비추어 공감하거나, 때로는 질문을 던지고 반론을 제기할 수도 있는 거야. 그런 연습이 바로 '나의 목소리'를 만드는 거지. 친구들이 다 고개를 끄덕일 때도 "나는 좀 다르게 생각해."라고 이야기할 수 있는 힘, 그게 바로 공부를 통해 자라는 거야.

공부는 수동적으로 외우는 게 아니라, 세상과 삶에 참여하는 일이야. 문제를 스스로 발견하고, 궁금해하고, 나만의 방식으로 해결을 시도하는 주체가 되는 거야. 그럴 때 너는 단순히 '공부를 잘하는 아이'가 아니라, '생각하는 사람'이 되지. 자기 생각을 갖고, 자기 말로 표현할 수 있게 돼. 그게 바로 진짜 공부가 만들어 주는 모습이야.

공부는 지금을 위한 것이다

대부분의 학생들은 공부를 '미래를 위한 투자'로 배우고 있어. 우리는 자꾸 언젠가를 위해 지금을 포기하게 돼. 하지만 듀이의 생각은 달랐어.

듀이는 교육을 통해 지금 이 순간 나 자신을 이끌 힘, 즉 '자기 통제력'을 키우는 것이 중요하다고 봤어. 공부는 언젠가 쓸모 있을지 모르는 지식을 미리 외워 두는 게 아니야. 지금 이 순간 나에게 필요한 질문을 찾고, 그 질문에 스스로 다가가 보려는 시도, 그게 바로 '공부'인 거지.

나와 세상을 연결해 주는 물음표

시험 성적표를 받아 들고 속상했던 경험, 다들 한 번쯤 있지? "이걸 왜 배워야 하지?"라는 의문이 드는 건 사실 아주 자연스러운 일이야. 학교에서 배우는 것들이 때로는 내 삶과 동떨어져 보일 수 있어. 하지만 어쩌면 그 의문 자체가 이미 듀이가 말한 '진짜 공부'의 시작일지도 몰라. 궁금해하고, 의심하고, 질문하는 그 마음이 말이야.

듀이의 말처럼, 공부는 단순히 정보를 외우는 게 아니라 세상과 나를 연결하는 고리를 찾는 과정이야. 무조건 시험 점수가 높은 학생보다, 끊임없이 "왜?"라고 물을 줄 아는 학생이 진정한 배움의 즐거움을 경험하게 될 거야.

그러니까 오늘부터는 조금 다르게 시도해 볼까? 그냥 외우려고 하지 말고, 배울 것들에 나만의 질문을 던져 보는 거야. 그 질문이 없는 공부는 내 것이 될 수 없으니까. 지금껏 공부가 어렵고 지루하게 느껴졌던 건, 어쩌면 우리가 질문하는 걸 잊었기 때문일지도 몰라.

시험을 위해 외우는 공부도 때로는 필요합니다. 하지만 그보다 훨씬 더 중요한 공부는 당신이 살아가는 이 세계에 질문을 던지고, 그 질문의 실마리를 찾아가는 시간이지요. 공부를 하다 '이건 왜 이러지?' 하고 의심을 품는 순간, 공부는 외우는 일이 아니라 세상을 탐구하는 일이 됩니다.

'의심'은 불안의 시작이 아니라, 생각의 시작입니다. 그래서 모른다고 말하는 건 약함이 아니라, 알고 싶다는 용기의 표현이기도 합니다. 지금 하고 있는 공부는 당신이 세상을 조금 더 깊이 이해해 가는 작은 첫걸음이 될 수 있습니다.

💬 나는 왜 공부하고 있을까?

시험, 성적, 미래 말고 지금 이 순간 나한테 어떤 의미가 있는지 생각해 봐.

💬 최근에 내가 진짜 궁금해서 찾아본 건 뭐였지?

누가 시켜서가 아니라, 스스로 알고 싶어서 시작한 공부가 있었는지 떠올려 봐.

💬 공부를 통해 나는 어떤 사람이 되고 싶을까?

지식이 풍부한 사람? 돈을 많이 버는 사람? 아니면 질문을 던질 줄 아는 사람?

2

수학은 왜 이렇게 어려울까?

· · ·

수학 문제집 펼칠 때마다 뇌가 멈추는 것 같다.

다른 과목은 노력하면 조금 조금씩 올라가는 맛이 있는데,

수학은 그냥 막다른 길, 단단한 콘크리트 벽을 마주한 느낌이다.

수학 머리라는 게 진짜 있는 걸까?

만약 있다면 나는 아마 엄마 뱃속에 두고 나온 듯….

그냥 수포자로 살면 안 될까?

하지만 그러기엔 2세상은 5늘도 온통 숫자로 굴러간다.

아, 수학 싫다! 수학도 날 싫어하는 것 같다!

A
?
45°
B
C
으—
뇌가 멈추는 것 같다.
(tan 75°)
2

숫자만 보면 머리가 하얘져

한 문제를 30분 동안 붙잡고 있어도 안 풀릴 때, 공부는 했는데 시험에서 또 틀렸을 때, 자신감이 점점 사라지면서 이런 생각이 들어. "나한텐 수학 머리가 없나 봐." "수학을 포기하면 나중에 선택할 수 있는 진로도 좁아지겠지?" 모두가 의대, 공대, 이공계를 말하는 시대. 수학이 성패를 좌우하는 듯한 분위기 속에서 두려움은 점점 커져 가. 그런데 17세기 철학자 스피노자는 우리에게 이렇게 말해.

"복잡해 보이지만 그 안에는

이해할 수 있는 질서가 있다."

스피노자는 두려움과 감정에 휘둘리지 않고, 차분히 이해하려고 할 때 비로소 자유와 평정을 얻을 수 있다고 말했어.

스피노자는 왜 이성을 믿었을까?

스피노자는 철저한 이성주의자였어. 그는 인간의 감정, 두려움, 혼란마저도 결국 이해의 대상이라고 봤지.

"우리는 어떤 것을 두려워해서 미워하는 것이 아니라,

그것을 이해하지 못하기 때문에 미워한다."

수학이 두려운 이유는 단순히 어렵기 때문이 아니라, 그 안에서 자꾸 자신을 몰아붙이기 때문이야. '왜 난 이것도 못 풀까?' '내가 부족한가?' 이런 감정은 두려움을 키우고, 그 두려움은 다시 사고를 멈추게 만들어. 스피노자는 감정은 이해될 때 비로소 자유로워진다고 했어. 즉, 수학은 재능이 아니라 태도와 시선의 문제일 수 있다는 거야.

수학은 틀려도 되는 언어다

많은 청소년이 수학을 정답 맞히기 경쟁이라고 생각해. 하나라도 틀리면 실패한 것처럼 느끼고, 자존감까지 무너져. 하지만 수학은 오히려 '실패를 연습하는 언어'야. 계속 시도하고, 다양한 방식으로 접근하고, 논리를 다듬어 가는 과정이거든.

스피노자의 철학도 이와 비슷해. 그는 『윤리학』이라는 책을 수학 문제 풀이하듯 썼어. 개념을 하나하나 정의하고, 그걸 바탕으로 논리를 쌓아 올리는 방식이야. 왜냐하면, 그는 이 세계가 질서와 법칙 속에 있다고 믿었기 때문이야.

스피노자에게 수학은 단순히 숫자 계산이 아니야. '왜 그럴까?' 하고 차근차근 생각해 보는 논리적인 마음가짐을 말해. 수학 문제에서 막히면 "난 머리가 나쁜가?"가 아니라, "어디서부터 헷갈린 걸까?" 하고 이유를 찾는 것. 그런 태도가 바로 스피노자가 말한 사유의 힘이야.

언제든 문제를 틀릴 수 있어. 틀린 순간에 다시 질문을 던지고, 왜 틀렸는지 생각해 보는 것. 바로 그것이 스피노자가 말한 배움의 핵심이야.

감정에 휘둘리지 않고 사유하기

두려운 감정을 없애라는 말이 아니야. 스피노자는 감정이 나쁜 게 아니라, 내가 지금 왜 이렇게 느끼는지 알아보는 힘이 중요하다고 했어. 이게 바로 '이성'이라고 부르는 거야. 이성은 어려운 게 아니고, 그냥 "잠깐, 왜 이런 기분이 들지?" 하고 한번 멈춰서 살펴보는 거야.

"감정을 분명히 이해하는 순간,

예를 들어 수학이 두려울 때, 그 감정은 사실 이렇게 말하고 있는 거야. "나는 잘하고 싶어." "나는 실망시키고 싶지 않아." 이건 틀린 마음이 아니야. 그래서 감정이 올라올 때 '이건 나쁜 감정이야' 하고 누르지 말고, 이렇게 말해도 돼. "와, 고난도다. 떨리고 겁나긴 한데, 그만큼 잘해 보고 싶어서 그런 거겠지." 그렇게 감정을 인정해 주면, 감정이 나를 더 이상 붙잡지 못해. 그제야 비로소 '그래, 그럼 어디서 막힌 거지?' 생각하고 다음 단계로 넘어갈 수 있어.

수학은 세상을 바라보는 또 하나의 창

스피노자는 세상을 신이자 자연이라 여겼고, 이 우주는 정교한 질서와 법칙에 따라 움직인다고 봤어. 수학은 그 질서를 이해해 보려는 하나의 언어야. 수학을 잘한다는 건 단순히 계산을 빠르게 한다는 뜻이 아니야. 문제의 핵심을 파악하는 힘, 작은 차이에 집중하는 관찰력, 생각을 조리 있게 표현하는 언어 감각. 이런 능력들은 삶을 살아가는 데도 꼭 필요한 힘이야.

물론 현실적으로 수학은 진로 선택에 영향을 미쳐. 하지만 수학이 네 삶의 전부를 결정하지는 않아. 그 사람의 가치는 한 줄의 점수로 표현될 수 없거든. 수학을 잘한다면 그 사고력을 더 넓은 분야에 활용할 수 있고, 수학이 어렵다면 그 좌절을 통해 더 깊은 공감력을 가질 수도 있어. 스피노자는 '완전한 인간'이란 이해하려는 노력과 그로부터 얻는 평정을 가진 사람이라고 했어. 수학은 그 평정을 연습하는 좋은 장이야.

수학이 두렵게 느껴질 수 있습니다. 시험 점수 때문에 속상했다면 그만큼 잘하고 싶다는 뜻일지도 모릅니다. 감정은 억누르는 것이 아니라, 이해하는 것이지요. 지금 당신이 마주한 것은 단순한 숫자가 아니라, 어쩌면 자기 자신일 수도 있습니다.

이해하려는 태도는 인간이 가질 수 있는 가장 용감한 자세

입니다. 수학은 당신을 평가하는 잣대가 아니라, 당신이 세상
과 소통할 수 있는 또 하나의 언어입니다.

💬 나는 왜 수학이 두려운 걸까?

시험 때문인지, 비교 때문인지, 아니면 미래에 대한 불안 때문인지 생각해 봐.

💬 내가 수학을 통해 얻고 싶은 건 무엇일까?

정답을 맞히는 기쁨, 논리적인 사고력, 자신감… 그중 무엇이 가장 중요한지 스스로
정해 보자.

💬 수학이 나에게 가르쳐 준 건 어떤 태도였을까?

실패를 견디는 힘, 문제를 끝까지 붙드는 끈기, 또는 차분히 생각하는 습관일 수도 있어.

3

나만 뒤처진 것 같아

...

SNS를 보면 다들 엄청난 인생을 살고 있는 것 같다.

누구는 전교권 성적에 대회 나가서 상 타고, 누구는 유학을 간다는데,

중간고사 오답 노트 적는 것도 미루면서

폰이나 들여다보고 있는 내가 한심하게 느껴진다.

스포츠카에 8단 기어 박고 달려 나가는 친구들 속에서,

나는 아직 출발선도 못 찾고 운동화 끈이나 묶고 있는 꼴이다.

오답 노트가 아니라 노답 노트를 쓰고 있는 걸까 봐 두렵다.

먼저 간다~
100점
AIR
까아아악
난 아직
출발도 안 했는데…

나만 뒤처진 것 같아

성적표를 받았을 때, 친구들의 SNS를 봤을 때, 누군가가 앞서가는 걸 느낄 때…. 우리 마음속엔 문득 이런 말이 떠올라. "나는 왜 이 모양이지?" "나만 멈춰 있는 것 같아." 주변은 점점 빠르게 움직이는데, 나는 제자리걸음을 하는 느낌. 이럴 땐 나 자신이 초라하게 느껴져. 괜히 조급해지고, 나만 뒤처졌다는 생각에 숨이 막히는 이유는 친구와 나를 자꾸 비교하기 때문이야.

"네 길을 가라. 사람들이 뭐라 하든 신경 쓰지 마라."

니체는 우리가 남과의 비교에서 벗어나 자기 자신만의 길을 걸으며, 불안과 고통마저도 성장의 디딤돌로 삼아 나아갈 때 진정한 나 자신이 되어 간다고 말했어.

왜 진짜 자신이 되라고 말했을까?

니체는 독일의 철학자야. 그는 말과 글로 세상을 흔든 사람이었지. 그러나 그의 삶은 그리 평탄하지 않았어. 몸이 약했고, 친구에게 배신당했고, 세상은 그를 이상한 사람이라며 외면했지. 그런

데도 그는 말했어.

　그는 사람은 누구나 아직 완성되지 않은 존재라고 믿었어. 누군가의 기준에 맞춰 살아가는 것이 아니라, 스스로의 가치와 리듬에 따라 살아가야 한다고 말했지. 니체에게 중요한 것은 언제 성공하느냐가 아니라, 내가 나로 살기 위해 얼마나 용기 내고 있는가였어.

비교는 우리를 약하게 만든다

　우리는 종종 남과 비교하며 스스로를 평가해. "쟤는 벌써 저걸 해냈는데, 나는 뭐 하고 있지?" "나는 왜 이렇게 느릴까?" 하지만 니체는 이렇게 말할 거야.

"내가 바라는 삶이 꼭
남들과 똑같은 속도여야만 하는가?"

비교는 우리를 약하게 만들고, 자기 자신을 잃게 만들어. 그렇다면 어떻게 해야 할까? 비교를 멈춘다는 건, 단순히 자족하며 손 놓고 있는 게 아니야. '나는 왜 이 속도로 가고 있을까?' '이 길이 진짜 내가 원하는 길일까?' 하고 자기에게 물어보는 거지. 니체는 이런 걸 '자기 성찰'이라고 했어. 남이 아니라 나를 기준으로 삼는 거야.

니체는 '초인'이라는 말로 이런 사람을 설명했어. 여기서 초인은 남들보다 뛰어난 슈퍼맨이 아니야. 오히려 남의 기준에 휘둘리지 않고, 자기만의 가치관으로 살아가는 사람을 말해. 자신만의 삶을 책임지고 살아 내는 사람이지.

불안은 성장의 신호다

니체는 불안과 고통을 피하려 하지 않았어. 오히려 그것들을 끌어안았지.

"죽지 않을 만큼의 시련은
결국 나를 단련시켜 더 강하게 만든다."

불안은 나의 부족함 때문이 아니라, 내가 성장하고 싶은 마음의 신호일 수도 있어. 오늘 내가 느끼는 혼란, 열등감, 조급함은 내가 단단해지기 위한 과정일지 몰라. 니체는 그 과정을 '생의 의지'라고 불렀어. 살아 있으니까 흔들리는 거라고. 살아 있으니까 불안해지는 거라고. 그러니 지금의 이 감정들은 피하거나 물리쳐야 할 것이 아니라, 내가 나로 살아가는 길에서 당연히 만나게 되는 바람 같은 것일지도 몰라.

나만의 속도로 걸어가기

나만 뒤처진 것 같은 불안감, 그 감정을 느끼는 건 아주 자연스러운 일이야. 특히 SNS에서 친구들의 화려한 순간들만 보다 보면 더 그렇지. 하지만 기억해. 우리는 남들의 하이라이트 장면을 내 비하인드 장면과 비교하고 있는 거야. 니체는 우리에게 이런 메시지를 전해.

"자기 자신이 되어라."

이 말은 그저 지금에 머물러 있으라는 뜻이 아니라, 남들의 길이 아닌 나만의 길을 걸으라는 의미야. 때로는 그 길이 느리게 느껴질 수도 있어. 하지만 중요한 건 속도가 아니라 방향이지.

오늘의 불안이 내일의 성장으로 이어진다면, 그 불안은 나쁜 게 아니라 나를 깨우는 신호일 수 있어. 그러니 지금 느끼는 감정을 억누르지 말고, 그 감정이 내게 무엇을 말하고 있는지 들어 봐.

기억해. 인생은 경주가 아니라 여행이야. 모두가 같은 속도로, 같은 길을 걸어야 할 이유는 없어. 너만의 리듬으로, 너만의 길을 찾아가는 과정 자체가 이미 충분히 아름다워.

누구에게나 자기만의 속도가 있습니다. 다른 사람의 속도를 억지로 따라가려고 하면 마음만 더 불편해집니다. 중요한 건 남과 비교하는 것이 아니라, 지금 나는 어디로 가고 싶은지를 살피는 일입니다.

불안하다고 해서 잘못된 게 아닙니다. 불안은 내가 더 나아지고 싶을 때 자연스럽게 생기는 감정입니다. 그 감정을 억누르기보다 알아차리기만 해도, 사람은 조금씩 방향을 잡을 수 있습니다.

가끔 남보다 느린 것 같아 조급해질 때도 있습니다. 하지만 그 속도가 바로 당신이 움직이는 방식입니다. 그 안에서 내가 가고 싶은 길을 하나씩 고르는 게 더 중요합니다. 지금도 당신은 자기만의 길을 천천히 만들고 있는 중입니다.

💬 나는 지금 누구와 비교하며 나를 힘들게 하고 있을까?
그 비교는 나를 자극하고 있을까, 아니면 지치게 만들고 있을까?

💬 오늘 하루, 남과 비교하지 않고 온전히 나를 위해 한 일은 무엇이 있을까?
아주 사소한 것도 괜찮아. 그게 지금의 너를 지켜 주는 힘이 될 수 있어.

💬 1년 전의 나와 지금의 나는 어떻게 달라졌을까?
작고 느린 변화라도 괜찮아. 그 안에 네가 쌓아 온 시간이 담겨 있을 거야.

4

부모님 꿈 말고
내 꿈을 꾸고 싶어

...

엄마가 자꾸 의학 드라마를 틀어 놓는다.

"차인혁 교수 너무 멋지지 않니? 우리 아들도 의대 가는 거 어때?"

한마디씩 흘리는데, 목덜미에 메스가 닿은 것처럼 오싹하고 뻐근하다.

의사가 된다면 부모님은 분명 기뻐하시겠지.

안정적이고, 남들 보기에도 번듯한 길이니까.

그런데, 나는? 나는 정말 행복할까?

남의 심장을 수술하기보다, 먼저 내 심장이 뛰는 길을 가고 싶다.

엄마는 ―
의사들이 참
멋지더라.

누구의 꿈을 살아야 할까?

진로 때문에 부모님과 부딪히는 일이 종종 있어. "왜 꼭 그걸 해야 하니?" "그건 너무 불안정하지 않니?" 사랑해서 하는 말인 줄 알지만, 마음 한쪽이 답답해져. 이렇게 고민하는 우리에게 철학자 칸트는 이런 통찰을 남겼어.

"계몽이란, 남에게 휘둘리지 않고
스스로 생각하는 힘을 갖게 되는 것이다."

칸트는 '계몽'이라는 개념으로 진짜 성장이 뭔지 설명했지. 여기서 말하는 '계몽'은 단순히 낡은 생각에서 벗어나 새로운 걸 쫓는 게 아니야. 남이 대신 생각해 주는 상태에서 벗어나는 것, 즉 스스로 생각할 수 있는 힘을 갖게 되는 정신적 독립을 의미하지.

칸트는 단순히 '부모님의 뜻에 따르지 마!'라고 한 게 아니야. 그보다는, 누구의 생각이든 맹목적으로 따르지 말고, 내가 왜 그런 선택을 하는지 스스로 이해할 수 있어야 한다고 본 거야.

우리가 진로를 고민할 때 정말 중요한 건 '부모님의 뜻을 따를까 말까'가 아니야. 내 선택을 나 스스로 이해하고 있는지가 핵심이지.

Freedom과 Liberty, 두 가지 자유

칸트의 철학에서 '자유'는 정말 중요한 주제야. 그런데 우리가 일상에서 말하는 자유는 보통 두 가지 모습으로 나뉘어 나타나곤 해.

첫 번째는 '제약 없이 원하는 것을 할 수 있는 상태'야. 예를 들면, 무인도에 혼자 있다면 누구의 간섭도 없이 하고 싶은 걸 마음대로 할 수 있겠지. 이게 바로 Freedom이야. 하지만 우리는 사회 속에서 살아. 다른 사람들과 함께 살아가는 세상에선, 서로의 권리를 존중하면서 살아야 해. 이때 등장하는 개념이 바로 사회 안에서 보장받는 자유인 Liberty야. 즉 책임을 전제로 한 자유야.

청소년은 보통 Freedom을 원해. "이건 내가 하고 싶은 일이야. 왜 못 하게 해?"라고 말하고 싶지. 반면 부모님은 Liberty를 걱정하셔. "그 일은 불안정하잖니. 나중에 힘들어지면 어떡해?"라고 말씀하시지. 각자 생각하는 '자유'가 다르다 보니 자연스럽게 갈등이 생기기도 해.

하지만 이 두 자유는 서로 맞서는 개념이 아니라, 결국 같은 방향을 향하고 있어. 오히려 그는 더 깊은 차원의 자유, '자율성, Autonomie'을 제시했지. 이는 남의 강요가 아니라 내 이성으로 스스로 선택하고 책임지는 능력을 말해.

부모님의 말씀, 사회의 기준, 경제적 안정 같은 것들이 우리가 마주하는 '하늘의 질서'라면, 그에 대응하는 나침반은 내 안의 도덕 법칙, 그러니까 내가 옳다고 믿는 가치와 양심이야.

칸트가 말한 자유는 '하고 싶은 대로'가 아니라 '생각하고 책임지는 대로'야. 그냥 주어지는 게 아니라, 스스로 선택하고 그 결과까지 감당하겠다는 마음에서 시작되는 거지.

부모님은 왜 '안전한 길'만 가라고 하실까?

우리가 너보다 경험이 많으니까.	네가 실패를 겪지 않았으면 좋겠어.
네가 걱정돼서 그러는 거야.	경제적으로 안정되게 살았으면 좋겠어.
현실적으로 생각해야 한다.	사회에서 인정받고 살았으면 좋겠어.

부모님이 자주 하시는 말에는 숨은 뜻이 있어. 이런 말들은 분명 사랑에서 나오는 거야. 칸트는 이런 사랑에 깊이 고민했던 철학자야. 그는 인간을 결코 수단으로만 대하지 말고, 항상 목적 그 자체로 대하라고 말했지.

이 말을 쉽게 풀면, 부모님 또한 나를 꿈을 이루는 도구가 아닌, 독립적인 인격체로 바라봐 줘야 한다는 거야. 부모님이 나를 사랑하는 만큼, 나도 '나 자신'으로 존중받을 수 있어야 해.

부모님의 걱정과 조언이 무조건 틀렸다는 게 아니야. 다만 그 사랑이 통제가 아니라, 존중으로 이어졌으면 좋겠다는 거야. 어쩌면 진로를 둘러싼 갈등은 오히려 부모님이 너를 너무 아끼고 사랑해서 생기는 일인지도 몰라. 서로의 마음을 솔직하게 이해하려고 노력한다면, 그 순간부터 갈등은 줄고 대화는 훨씬 쉬워질 거야.

내 꿈을 찾는 진정한 자유

칸트는 진정한 자유가 무엇인지 오랫동안 고민한 철학자였어. 그는 단순히 하고 싶은 대로 하는 걸 자유라고 보지 않았어. 칸트가 말한 자유는 이성과 양심에 따라 스스로 선택하는 것 그리고 그 선택에 책임을 지는 것이야.

예를 들어, "부모님이 싫어서 반대로 하고 싶다."라는 건 그냥 반발심이야. 그건 진짜 자유라기보다는 감정적인 반응이야. 하지만 "내가 진짜 좋아하고, 잘할 수 있고, 의미 있다고 생각하는 일이 바로 이거야."라고 판단해서 선택하는 건 이성적인 선택이자, 칸트가 말한 자율적인 행위야.

자유는 누가 대신 정해 주는 게 아니야. 누가 보기에 멋진 길이냐보다 내가 그 길을 왜 가고 싶은지, 스스로 이해할 수 있느냐가 더 중요해.

하늘의 질서와 내 안의 도덕 법칙

"두 가지가 내 마음을 경외감으로 가득 채운다.
하나는 별이 빛나는 하늘, 또 하나는 내 안의 도덕 법칙이다."

칸트가 말한 '하늘의 질서'는 부모님의 말씀, 사회의 기준, 현실적인 조건 같은 것을 뜻해. 우리가 살아가는 세상에는 분명 그런 외부의 기준들이 있어.

그런데 칸트는 그에 못지않게 소중한 게 하나 더 있다고 했어. 그게 바로 내 안의 도덕 법칙, 즉 내가 옳다고 믿는 가치와 양심의 소리야. 우리는 종종 하늘만 올려다보며 살아가. 부모님의 기대, 세상의 시선, 안정적인 길… 그것만을 따르다 보면 내 안의 목소리는 점점 작아질 수 있어.

칸트가 전하고 싶었던 건 그 둘 중 하나만 따르라는 게 아니야. 하늘의 질서도, 내 안의 도덕 법칙도 둘 다 소중하다는 것. 중요한 건 그 사이에서 균형을 찾으려는 노력이야. 부모님의 현실적인 걱정을 무시하지 않되, 내 마음속 진짜 바람에도 귀 기울여야 해.

나만의 꿈을 향해 걸어가는 용기

칸트가 살던 18세기도 지금처럼 혼란스러운 시대였어. 전쟁, 변화, 불안한 미래 속에서 사람들은 '나는 어떻게 살아야 하지?'라는 질문을 품고 살았지. 그런 시대에 칸트는 이렇게 말했어.

"스스로 생각하라!"

부모님과의 진로 갈등은 정말 힘들어. 서로를 사랑하기 때문에 더 복잡하고 아프게 느껴지기도 해. 하지만 중요한 건, 이 모든 과정이 서로 함께 성장해 가는 시간이라는 거야.

완벽한 답은 없을지도 몰라. 하지만 서로를 이해하려고 노력하고, 진심을 담아 대화하려는 그 자체가 이미 의미 있는 일이야. 너의 꿈은 소중해. 부모님의 걱정도 마찬가지로 소중하지. 이 둘을 같이 품고, 그 사이에서 균형을 찾으려는 노력. 그게 바로 칸트가 말한 '진짜 자유'에 가깝지 않을까?

칸트는 정답을 주진 않았어. 대신 '스스로 생각하고 있는가?'라는 질문을 던졌지. 우리는 그 질문 앞에서 고민하고, 헤매고 또 조금씩 성장하게 될 거야.

자유는 타인이 주는 것이 아닙니다. 우리가 스스로 책임지며 만들어 가는 것입니다. 부모님 또한 걱정과 불안으로 인해 자녀를 통제하려 할 때가 있습니다. 그러나 진정한 사랑은 상대를 독립적인 인격체로 존중하는 데서 비롯됩니다.

그러니 부모님에게 무작정 반발하기보다, 왜 그런 선택을 하고 싶은지 차근차근 설명하고, 작은 일부터 책임감을 보여 드리는 과정이 필요합니다.

성숙한다는 것은 부모님을 떠나는 것이 아니라, 부모님과 동등한 인격체로 만나는 일입니다. 진정으로 부모님을 사랑한다면, 꾸며 낸 모습이 아닌 진짜 나 자신을 보여 드려 보세요. 자유란 홀로 쟁취하는 것이 아니라, 서로의 이해와 존중 속에서 함께 만들어 가는 것입니다.

잠깐, 너는 어떻게 생각해?

💬 내가 원하는 것을 부모님께 어떻게 설명하면 좋을까?

반항이 아니라 대화로, 감정이 아니라 이유로 표현해 볼 수는 없을까?

5

나는 어떤 길로
가야 하지?

•••

진로 상담 신청서 써야 하는데,

빈칸만 한참 쳐다보다가 결국 한 글자도 못 썼다.

진로 생각만 하면 눈앞에 깜깜해지는 게 거의 블랙홀 급.

하고 싶은 게 없는 건 아닌데,

그렇다고 "이게 내 길이야!"라고 말할 정도의 확신도 없다.

글 쓰는 것도 좋아하고, 동물 다큐 보는 것도 좋아하고,

심리학이랑 디자인에도 관심이 간단 말이지.

하지만 이게 진짜 진로인지, 아니면 단순한 흥미인지 헷갈린다.

이 깜깜한 블랙홀 속에서 과연, 화이트홀을 찾을 수 있을까?

심리학
동물
디자인
진로상담 신청서
관심분야

나는 어떤 사람이 될 수 있을까?

누군가에게는 진로가 분명해 보여. 그런 친구들을 보면 괜히
초조해지지 않니? 이것저것 관심은 있지만, 그게 진짜 내 길인지
헷갈릴 때가 많아. 그래서 자꾸만 이런 생각이 들기도 해. "나는
왜 꿈이 없을까?" "나는 도대체 뭘 잘할 수 있는 거지?" 고대 그
리스의 철학자 플라톤은 이런 혼란스러운 마음을 깊이 이해했어.
그는 이렇게 말했어.

"너는 이미 진실을 알고 있다.

다만 아직 그 기억을 꺼내지 못했을 뿐."

플라톤은 우리 안에 이미 본질적인 가능성이 들어 있다고 보았
어. 그래서 진로를 찾는 건 새로운 걸 배우는 게 아니라, 원래 가
지고 있던 걸 기억해 내는 과정이라고 했지. 그걸 찾아가는 일이
바로 '나답게 살아가는 것'의 시작인 거야.

플라톤은 왜 '이데아'를 말했을까?

플라톤은 우리가 보고 듣고 만지는 이 세계가 전부는 아니라고

생각했어. 꽃은 시들고, 말은 바뀌고, 사물은 사라져. 우리가 보는 것들은 늘 변화하고, 불완전하고, 언젠가는 사라지는 것들이야. 하지만 그 너머엔 변하지 않는 본질, '진짜'가 있다고 플라톤은 믿었어. 그게 바로 '이데아'야.

눈앞의 꽃은 시들지만, '아름다움'이라는 본질은 변하지 않아. 수많은 직업은 바뀌지만, '정의' '용기' '지혜' 같은 가치는 남아. 플라톤은 우리 인간도 마찬가지라고 봤어. 우리 안에는 이미 어떤 본질적인 가능성이 들어 있다고 말이지. 지금은 잊고 있을지라도, 그건 '학습'이 아니라 '기억의 회복'을 통해 다시 만날 수 있다고 했어.

"배움이란 단지 이전에 알고 있던 것을

회상하는 과정이다."

플라톤이 말한 '기억의 회복'은 마법이 아니야. 내가 진짜 좋아했던 순간, 몰입했던 경험을 다시 떠올리는 거야. 여러 경험을 해 보면서 '이건 내 스타일 아냐.' 하고 지우는 것도 과정이지. 그렇게 조금씩 내 진짜 모습을 찾게 돼.

네 안의 씨앗을 발견해 가는 중

플라톤은 『국가』에서 유명한 '동굴의 비유'를 말했어. 사람들이 어두운 동굴 안에 갇혀서 벽에 비친 그림자만 보며 살아간다고 했지. 그 그림자가 세상 전부인 줄 알고 말이야.

"인간은 마치 동굴에 갇혀 그림자만

보고 있는 죄수와 같다."

하지만 진짜 현실은 동굴 밖에 있어. 처음엔 빛이 너무 눈부셔서 도망치고 싶을지도 몰라. 하지만 한 번이라도 바깥세상을 보고 나면, 다시 그림자만 보고 살 수 없게 돼. '내가 무엇이 될까?'라는 질문도 사실은 '나는 누구인가?'라는 더 깊은 질문에서 시작돼.

지금은 잘 모를 수도 있어. 아직 어둠 속에 있는 것 같고, 정해진 길이 없어 보일 수도 있지. 그래도 괜찮아. 그 안에서도 너만의 방향 감각은 자라고 있어. 네 안에 심어진 가능성은 천천히, 하지만 분명히 자라나는 중이야.

꿈은 '정답'이 아니라 '탐험의 지도'

"내가 되고 싶은 게 뭔지 모르겠어." 이 말, 한 번쯤 해 본 적 있을 거야. 하지만 플라톤은 그걸 이렇게 받아들였을지도 몰라. "그건 끝이 아니라, 탐색이 시작됐다는 뜻이다."

"스스로 돌아보지 않는 삶을
과연 가치 있는 삶이라 할 수 있겠는가."

지금의 흔들림은, 어쩌면 내가 진짜 나로 살아가는 데 필요한 과정일지도 몰라. 우리의 장래 희망은 자주 바뀌어. 그건 이상한 게 아니라 오히려 건강한 일이야. 많이 보고, 듣고, 경험하면서 "이건 아닌 것 같아."라고 조금씩 지워 나갈 때 '나의 형태'가 드러나는 것이거든.

꿈은 정답지가 아니야. 하나의 딱 맞는 직업을 찾아야 하는 것도 아니고, 모든 조건을 충족해야 하는 이상적인 목표도 아니야. 꿈은 삶을 탐험할 수 있게 해 주는 나만의 지도야. 그 지도를 그리기 위해서 지금처럼 질문하고, 시도하고, 실패하고, 다시 일어서면 돼.

비교보다 중요한 건, 내 안을 향한 눈

친구가 벌써 진로를 정했다는 말만 들어도 괜히 마음이 불안해질 때가 있어. '나만 뒤처지는 거 아냐?' 하는 생각도 들고, 그럴수록 자꾸 남을 따라가게 되지.

플라톤은 이런 순간에 '내면의 눈'을 떠올리게 해. 남들이 뭘 선택했는지보다, 지금 내 마음이 어떻게 반응하는지를 바라보는 것, 그게 철학이 시작되는 지점이야.

"다른 이의 그림자도 불빛도 아닌,

진짜 태양을 향해."

SNS 속 화려한 성취, 친구들의 자신감 넘치는 말들… 그건 어쩌면 벽에 비친 그림자일지도 몰라. 진짜 빛은, 네 안에 있어. 네가 진짜로 원하는 것, 끌리는 방향, 원동력이 되는 감정. 그걸 바라보는 게 더 중요해. 지금 걷는 이 길이 불확실해 보여도, 그 과정에서 너는 내가 어떤 사람이고 무엇을 좋아하는지를 조금씩 분명하게 알아 가고 있어.

여러 관심사를 가진 건 축복이다

진로 고민, 정말 많이들 하지? 특히 '내겐 꿈이 없다.'라고 느낄 때 더 막막해져. 주변에서는 "넌 뭘 잘해?" "네 적성은 뭐야?" 하고 물어보지만, 그 답을 찾는 건 쉽지 않지.

플라톤이 말한 것처럼, 어쩌면 우리는 '정답'을 찾으려고만 애쓰고 있는지도 몰라. 마치 인생에는 하나의 완벽한 직업, 단 하나의 올바른 길만 있는 것처럼 말이야. 하지만 현실은 그렇게 단순하지 않아.

여러 관심사를 가진다는 건 사실 큰 축복이야. 음악도 좋고, 책도 좋고, 동물도 좋다면, 그 다양한 관심사들이 언젠가 예상치 못한 방식으로 연결될 수도 있어. 오늘날 세상은 오히려 경계를 넘나드는 사람들이 더 창의적인 일을 할 수 있는 시대거든.

그러니 지금 당장 모든 걸 결정해야 한다는 부담은 잠시 내려놓도 돼. 대신, 자신의 호기심을 따라가 보자. 뭐든 해 보고, 경험하고, 느껴 보는 거야. 그렇게 여러 길을 지나는 동안 너에게 맞는 방향이 어느 순간 자연스럽게 드러날 거야.

진로는 자기 자신을 발견해 가는 여정입니다. 진정한 배움은 외부에서 새롭게 주어지는 것이 아니라, 이미 내 안에 있던 것을 다시 떠올리는 과정이지요. 미래는 하나의 직업으로 결정되지 않습니다. 살아가며 겪는 모든 경험과 선택이 합쳐져 결국 나라는 존재를 이루게 됩니다. 이 모든 순간은 당신만의 이데아를 향해 나아가는 의미 있는 여정의 일부입니다. 지금 느끼는 불확실함과 방황도, 더 진정한 나 자신을 만나기 위한 중요한 단서일 수 있습니다.

잠깐, 너는 어떻게 생각해?

💬 지금까지 나를 가장 설레게 했던 순간은?

그 설렘 안에 내가 추구하는 가치와 가능성이 숨겨져 있을지도 몰라.

💬 나는 어떤 방향으로 걸어가고 싶을까?

속도보다 중요한 건 방향! 지금 내 발이 향하는 곳을 천천히 살펴보자.

💬 내 안에 아직 꺼내지 못한 가능성은 무엇일까?

아직 보이지 않는 씨앗이 자라고 있을 수 있어. 기억해 내는 시간이 필요해.

5

모두가 의대를
성공이라고 말해

...

엄마 말에 또 낚였다.

회 먹으러 가자면서 데려간 곳이 의대 입시 설명'회'.

선배들의 화려한 입시 전략이 코스 요리처럼 줄줄이 쏟아졌다.

의대만 가면 인생이 탄탄대로일 것처럼 말하지만… 정말일까?

나는 왜 이렇게 마음이 불편한 걸까.

분명 대단한 이야기인데도 점점 숨이 막히는 기분이었다.

다른 사람들이 최고라고 추켜세우는

이 코스 요리가 나는 어쩐지 입에 맞지 않는다.

사장님, 여기 김치찌개 없나요?

Y의대
S의대
K의대

의대는 곧 성공?

성적 좀 된다는 학생이라면 "의대 생각 안 해 봤어?"라는 말, 한 번쯤은 꼭 들어 봤을 거야. 안정적이고, 사회적으로 인정받고, 게다가 성적이 된다면 도전할 만한 길이라고 말하지.

정말 많은 사람들이 '의대 = 성공'이라고 믿는 분위기 속에서 내가 뭘 원하는지조차 헷갈리는 건 너무 자연스러운 일이야. 근데 가만히 생각해 보면, 진짜 중요한 질문은 이거야. "이 길을 내가 진심으로 원하고 있는가?"

단지 성적이 되니까, 다들 좋다니까 가는 길이라면 어느 순간 마음이 흔들릴 때 그 선택을 붙잡고 있을 힘도 같이 흔들릴 수밖에 없어. 아우렐리우스는 이렇게 말했어.

"자연의 이치에 맞게 생각하고 판단하며 살아갈 때,

삶은 고요하고 만족스러워진다."

그가 말한 '본성'은 그냥 하고 싶은 걸 따라가라는 뜻이 아니야. 내가 어떤 삶을 살아야 평화로울 수 있는지, 무엇이 나를 진짜 나답게 만들어 주는지 그걸 묻는 거지. 남들이 말하는 정답보다 내가 이해할 수 있는 이유가 더 중요해.

황제이자 충실한 철학자

아우렐리우스는 로마 제국의 황제였어. 근데 놀라운 건, 그런 자리에 있었던 사람이 매일 밤 일기를 쓰고, 전쟁터에서도 철학 책을 읽었다는 거야. 그가 남긴 『명상록』의 첫 문장은 이렇게 시작돼.

"아침에 눈을 뜨면 생각하라.
살아 있고, 숨 쉬고, 생각하고, 즐기고,
사랑할 수 있다는 것이 얼마나 소중한 특권인가를."

황제였던 그에게 '성공'은 남들이 인정하는 결과가 아니었어. 그는 늘 스스로에게 물어봤어. "나는 지금 내 본성에 따라 살고 있는가?" 무슨 일을 하든, 그게 내 마음과 어울리는 선택인지 돌아보는 것. 그게 진짜 철학이고, 진짜 평온한 삶의 시작이야.

남의 기대는 나의 기준이 아니다

'의대 → 안정 → 성공' 마치 인생이 한 방향으로만 흘러야 하는 것처럼 느껴질 때가 있어. 하지만 '좋은 삶'이란 게 정말 거기에만 있는 걸까? 아우렐리우스는 이렇게 말했어.

"자기 본성에 충실하라."

아우렐리우스가 말한 '본성'은 사실 이성에 가까워. 내가 어떤 선택을 할 때 마음이 편안해지고, 오래 해도 지치지 않는지를 생각하고 행동하는 걸 본성에 따른다고 본 거지. 남들이 보기에 좋은 길이라도 내 본성과 맞지 않으면 오래 못 가거든.

그는 항상 자신에게 질문했어. "이 선택은 내 본성과 어울리는가?" 여기서 말하는 '본성'은 단순한 취향이나 성격이 아니야. 내가 어떤 존재인지, 무엇을 할 때 마음이 평화로워지는지를 묻는 태도야. 남들이 보기엔 성공일지 몰라도, 그 안에서 내가 자꾸 지쳐 간다면 그건 내 삶과 맞지 않을 수도 있어.

"네가 다스릴 수 있는 것은 오직 네 의지다."

의대가 목표일 수도 있어. 하지만 '모두가 말하니까' 선택한 목표는 언젠가 의욕이 흔들릴 때 가장 먼저 무너질지도 몰라. 좋은 삶은 남들과 비교해 달려가는 게 아니라, 내 의지로 나에게 맞는 방향을 찾아 걷는 거야. 진짜 강한 사람은 자신만의 속도로 걸어가는 사람이니까.

세상의 소음보다, 내면의 목소리를 더 크게

요즘은 조용히 생각할 틈이 별로 없어. "이과가 답이다." "의대가 확실한 길이다." "그 성적이면 당연히 의대지." 온갖 말들이 너무 많이 들려서 내가 뭘 원하는지도 헷갈릴 때가 있어.

아우렐리우스는 그런 세상 속에서도 '자기 안의 로고스'를 따르라고 말했어. 로고스는 단순한 머리로 하는 계산이 아니라, 내 마음 깊은 곳에서 '이게 맞아'라고 알려 주는 조용하고도 단단한 목소리야. 그는 이렇게 말했어.

"가장 고요하고 자유로운 피난처는 바로

나의 영혼 속에 있다."

세상이 뭐라고 해도, 결국 중요한 건 '내가 이해할 수 있는 선택'인지야. 다들 빨리 가는 와중에도 나는 나만의 속도로 걸을 수 있는 용기. 그게 바로 지혜로운 삶의 시작이야.

아우렐리우스는 세상과 맞서 싸우지 않았어. 대신 이렇게 묻곤 했지.

"지금 나의 행동이 우주 전체와 조화를 이루는가?"

그 조화란, 꼭 거창한 뜻이 아니야. 내가 선택한 길이 나를 망치지 않고, 나를 더 사랑하게 만드는가? 그 기준만 있다면 어떤 길도 괜찮아.

많은 사람들이 '어디로 갈까'에만 매달려. 근데 진짜 중요한 건 그게 아니라 "왜 그 길을 가려 하는가?"라는 질문이야. 답이 분명하면, 길 위에서 흔들릴 때도 다시 중심을 찾을 수 있어.

내면의 목소리를 찾는 법

진로를 고민할 때, 주변의 목소리가 너무 커서 정작 내 목소리를 듣기 어려울 때가 있어. 특히 모두가 '좋은 길'이라고 말하는 의대와 같은 안정된 선택 앞에서는 더 그렇지.

아우렐리우스가 말했듯, 외적인 성공보다 중요한 건 내면의 평화야. 지금 당장은 칭찬과 부러움을 받을 수 있어도, 그 길이 10

년, 20년 뒤의 나를 행복하게 할지는 아무도 장담할 수 없어.

만약 네 진심이 사람을 살리고 싶다거나, 삶과 죽음을 진지하게 마주하고 싶다거나, 내 지식이 누군가에게 도움이 되길 바란다면 의대는 분명 너의 길일 수 있어. 하지만 단지 돈과 안정적인 삶 그리고 사회적 인정 때문에 선택한다면, 그 선택은 금방 흔들릴 가능성이 커.

그리고 기억해. 지금 이 고민 자체가 네가 얼마나 자신의 삶을 진지하게 바라보는 사람인지를 보여 주는 증거야. 천천히, 조용히 내면의 소리에 귀 기울여 봐. 어떤 선택이든, 그것이 진심에서 비롯된 것이라면 그 길은 분명 아름다운 여정이 될 거야.

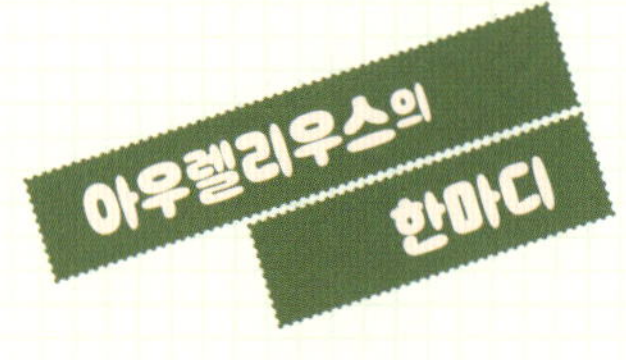

누군가의 기대에 맞춰 살아가기보다, 내가 어떤 사람으로 살고 싶은지, 그 방향을 바르게 따라가고 있는지가 더 중요하지요. 때로는 남들이 말하는 안정적인 길이 더 실리적으로 보이거나, 그 선택을 해야 할 것만 같은 압박이 느껴질 때도 있습니다. 하지만 그런 순간에도 내가 세운 기준을 잃지 않는 것이 결국 당신을 지탱해 주는 힘이 됩니다.

지금 느끼는 혼란과 압박도, 어쩌면 더 주체적으로 살아가려는 마음이 움직이고 있다는 신호일 수 있습니다. 내가 뭘 좋아하는지, 어떤 삶이 나에게 맞는지 스스로 묻고 있다는 뜻이니까요. 조금 복잡하고 시간이 걸리더라도, 그 고민은 분명 당신의 삶을 더 선명하게 만들어 줄 것입니다.

💬 내가 진짜 바라는 삶은 어떤 모습일까?
남들이 부러워하는 길보다, 내가 더 사랑할 수 있는 삶을 선택해 보는 게 어때?

7

좋아하는 일로
먹고살 순 없을까?

···

아빠가 갑자기 "넌 커서 뭐 할 거냐?" 물어보셨다.

그림 그리고 싶다고 했더니, 바로 한숨.

"그건 취미로 하고, 먹고살 수 있는 직업을 찾아라."라고 하신다.

근데 난 진짜 그림 그리는 게 좋은데.

내가 그린 카툰을 인스타에 올리고, 댓글 달릴 때 제일 신난다.

누군가 웃거나 위로받았다고 할 때 가장 보람차다.

하지만 아빠는 "보람이 밥 먹여 주냐?" 하시겠지.

왜 어른들은 늘 현실이란 말을 앞세워

좋아하는 걸 포기하라고 할까?

보람이 밥 먹여 주냐!
먹고살 수 있는 일!
그림은 취미지~
커서 뭐 할래?
현
실

좋아하는 일만 하면서 살 수 없을까?

그런 생각, 해 본 적 있지? '내가 진짜 좋아하는 일을 하면서 살아갈 수 있을까?' 예를 들면 그림 그리기, 춤추기, 영상 만들기, 운동, 글쓰기 같은 거 말이야. 우리는 그걸 하면 두근거리고, 시간 가는 줄 모르는데 어른들은 꼭 이렇게 말하지. "그건 현실적으로 힘들어." "좋아하는 거로는 밥 못 벌어먹는다." 하지만 19세기 철학자 밀은 이렇게 말했어.

"인간이 가장 원하는 건 행복이다.

다른 것들은 모두 행복을 얻기 위한 수단일 뿐이다."

그는 좋아하는 일을 통해 진짜 행복을 찾아가는 과정이 더 의미 있다고 믿었어.

밀은 왜 행복을 중요하게 여겼을까?

밀은 '행복'을 철학의 중심에 둔 공리주의 철학자야. 하지만 그가 말하는 행복은 그냥 '기분 좋은 것'과는 달라.

이 말이 핵심이야. 밀은 행복에도 수준이 있다고 봤어. 배불리 먹고 편하게 사는 것만으로는 부족하다는 거지. 스스로 선택하고, 진심으로 몰입할 수 있는 일을 할 때, 그런 삶에서 오는 만족이 훨씬 고차원적인 행복이라고 말했어. 그러니까 단순히 돈만 벌기 위한 일보다, 내가 정말 좋아하는 일을 향해 가는 삶이 더 깊고 오래가는 행복을 준다는 뜻이야.

좋아하는 일이 직업이 되려면?

밀도 현실을 모르는 사람은 아니었어. 내가 좋아하는 모든 일이 당장 직업이 될 순 없지. 하지만 그렇다고 무조건 포기할 필요도 없어.

좋아하는 걸 직업으로 만든다는 건 단순히 재밌는 일을 계속 하는 게 아니야. 밀은 '내 인생을 결정할 권리는 나한테 있다.'라고 했어. 그 말은, 좋아하는 일을 지키는 것도 내 몫이라는 뜻이야. 그렇다면 구체적으로 어떻게 해야 할까? 예를 들면 이런 식이지.

○ 의미를 향해, 매일 조금씩이라도 해 보기

○ 흔적을 남기듯, 작은 결과라도 만들어 보기

○ 가치를 기준으로, 그 일이 누구에게 도움이 될지 생각해 보기

○ 스스로에게 솔직하게, 지금도 내가 좋아하는지 계속 점검해 보기

자유란, 내가 선택한 길에 책임을 지는 것

"자기 몸과 정신에 있어서만큼은
자신이 절대적인 주인이다."

밀은 『자유론』에서 이렇게 말했어. 무슨 말이냐면, 내 인생을 결정할 권리는 나에게 있다는 뜻이야. 어떤 일을 할지, 어떤 삶을 살지, 그건 세상이 정해 주는 게 아니라 내가 스스로 선택해야 한

다는 거지. 물론 자유에는 책임이 따라. 내가 좋아하는 걸 직업으로 삼으려면, 그만큼 마음을 다하고 실력도 쌓아야 해. 그게 바로 성숙한 자유야.

하지만 자유롭게 선택한 길이 항상 쉬운 건 아니야. 밀도 그걸 잘 알았어. 그는 어릴 적부터 천재라 불렸지만, 20대에 심각한 번아웃을 겪으며 인생이 무의미하게 느껴졌거든. 그를 다시 일으켜 세운 건 논리가 아니라 '시'와 '감정'이었대.

사람은 생각으로만 살아갈 순 없어. 감동, 연결, 의미 같은 것들이 있어야 비로소 살아 있음을 느끼지. 좋아하는 일을 따른다는 건 때때로 무시당하고, 흔들리고, 길이 막히는 경험을 한다는 뜻이기도 해. 하지만 그런 길을 선택한 사람은, 어려움 속에서도 왜 내가 이 일을 하고 싶은지를 더 분명하게 알아 가게 돼.

불안하고 힘들어도, 진짜 원하는 방향으로 걷는 사람은 결국 더 단단해져. 좋아하는 일이 당장 직업이 되지 않을 수도 있어. 그래도 그걸 포기하지 않고 탐색하고 이어 가고 있다는 사실 자체가 너의 삶을 한 걸음씩 앞으로 움직이고 있는 거야.

"진정한 자유란, 각자의 방식으로
선을 추구하는 것이다."

좋아하는 일을 지키는 법

진로 고민은 누구나 겪는 과정이야. 우리 사회는 자주 '안정적인 직업'과 '좋아하는 일'을 양자택일처럼 말하지만, 요즘은 그 경계가 점점 흐려지고 있어. 처음엔 '안정'을 선택했다가 나중에 좋아하는 일로 돌아간 사람도 있고, 직장을 다니며 틈틈이 취미를 이어 가다 결국 그것을 일로 만든 사람도 있어.

중요한 건 '진지한 탐색'이야. 단순히 좋아하는 감정에 머물지 않고, 그 분야에서 실력을 쌓고, 어떻게 가치를 만들어 낼 수 있는지를 고민하는 거지. 지금은 생계를 위한 일과 좋아하는 일이 겹치지 않을 수 있어도, 둘을 연결하는 다리는 스스로 놓아 갈 수 있어.

밀이 말했듯, 우리 삶에서 중요한 건 단순한 쾌락이 아니라 더 높은 차원의 행복이야. 내가 가치 있다고 느끼는 일을 하며 사는 것, 그것이 진정한 행복의 한 형태일 거야.

지금 좋아하는 일을 당장 직업으로 삼지 못하더라도 포기하지 마. 탐색하고, 연습하고, 조금씩 연결해 나가는 과정 자체가 너를 더 단단하고 자유롭게 만들 거야.

　직업은 단지 돈을 버는 수단이 아니라, 자신을 표현하는 도구이자 세상과 소통하는 하나의 길입니다. 좋아하는 일을 당장 직업으로 삼을 수는 없을지도 모르지만, 그 가능성을 놓지 않고 탐색하는 삶은 분명 더 깊고 자유롭지요.

　좋아하는 일을 포기하지 말고, 틈나는 대로 그 가능성을 조금씩 실험해 보세요. 바로 거기서 진짜 삶의 방향이 시작될 수 있습니다.

잠깐, 너는 어떻게 생각해?

💬 누가 내가 좋아하는 일을 무시할 때, 어떤 감정이 들어?
그 감정을 통해 내가 얼마나 그것을 소중히 여기는지 확인해 볼 수도 있어.

💬 좋아하는 일을 현실로 만들려면, 나는 지금 무엇을 시도해 볼 수 있을까?
작고 구체적인 한 걸음을 떠올려 보고, 당장 실천할 수 있는지 생각해 보자.

8

실패가 너무 무서워

우리 반에 레전드 발표가 있었다.

인사부터 말 더듬더니, 시조 낭송 시작하자마자 삑사리 남.

"이 몸이 죽↗고 죽어"

당황했는지 PPT 넘기려다 에어컨 리모컨 눌러서 파워 냉방 가동됐고,

싸해진 분위기를 아예 얼려 버렸다.

애들은 키득거리고 선생님은 이마 짚음….

가장 끔찍한 사실은, 그 발표자가 나라는 거.

죽고 싶은 건 정몽주가 아니라 나다.

그 순간만 떠올리면 시야가 흐려지고 식은땀이 난다.

다음 주에 또 발표 있는데, 두 발로 설 수나 있을까?

이 몸이 죽고 죽어
죽고 싶다..
음...
ㅋㅋㅋ
헉
ㅋㅋ
후..
ㅋ
Z
Z
Z

실패하면 끝장 아닐까?

　시험을 망쳤을 때, 발표에서 실수했을 때, 누군가의 기대를 저버렸을 때… 그럴 때 마음속에서 들려오는 말들 있지? "넌 역시 안 돼." "또 실패야?" "이제 끝났어." 실패는 단순한 '결과'가 아니라 '나는 왜 이 모양일까?' 하는 깊은 자기 부정으로 이어질 때가 많아. 마치 내가 틀린 사람처럼 느껴지지. 덴마크 철학자 키르케고르는 이런 마음을 '죽음에 이르는 병'이라고 말했어.

"절망은 죽음에 이르는 병이다."

　그가 절망을 병에 비유한 건, 그것이 잠깐 스쳐 가는 기분이 아니라, 사람의 마음을 깊이 갉아먹고 존재 전체를 흔들 만큼 아픈 상태이기 때문이야. 절망에 빠질 때 우리는 실패 그 자체보다, '이제는 다시 일어설 수 없을 것 같다'는 생각 때문에 더 괴로워져. 그래서 그 감정은 병처럼 쉽게 낫지 않아. 그러니 실패 앞에서 네가 느끼는 괴로움도 결코 가벼운 게 아니지. 하지만 동시에, 그런 절망을 느낀다는 건 네가 삶을 진지하게 대하고 있다는 뜻이기도 해.

실패를 경험한다는 건, 살아 있다는 것

키르케고르는 절망을 단순히 나쁜 감정이라고 보지 않았어. 오히려 그것은 나답게 살려는 과정에서 생기는 것이라고 했지.

"절망은 자기 자신이 되기를 거부하거나,

되지 못할 때 찾아온다."

우리가 실패로 괴로워할 때, 그건 '틀려서'가 아니라 '진짜 나'를 찾고 싶기 때문이야. 그래서 그 괴로움은 아직 포기하지 않았다는 신호이기도 해. 아무 생각도, 아무 기대도 없다면 절망할 이유도 없으니까.

너는 실패한 사람이 아니라, 실패를 경험한 사람이야. 그건 하던 걸 포기한 게 아니라, 여전히 살아가고 있다는 증거지. 넘어지지 않는 사람이 강한 게 아니야. 넘어졌을 때도 자신을 버리지 않고 일어서는 사람이 강한 거야. 넘어져도 괜찮아. 중요한 건 넘어진 나를 포기하지 않는 힘, 그리고 그 실패 속에서도 자신을 존중하는 태도야.

실패 이후에 던져야 할 질문들

실패를 너무 빨리 틀린 것이라고 단정 짓지 마. 먼저 그 경험이 나에게 무엇을 말하고 있는지 귀 기울여 보자. 실수를 분석하고, 반성하고, 다시 일어나는 것. 이건 단순히 의지의 문제가 아니라, 나 자신과 삶을 사랑하는 방식이야. 자신을 미워하지 않고, 실패 속에서도 나를 포기하지 않는 것.

"인간은 선택을 통해 진정한 자신을 만들어 간다."

키르케고르는 매 순간의 선택이 자신을 만들어 간다고 말했어. 실패를 대하는 태도 역시 또 하나의 선택이지. 넘어졌다는 사실 보다 중요한 건, 넘어진 후에 어떤 선택을 할 것이냐야. 그러니까 이제 실패 후에는 스스로에게 이런 질문을 던져 보자.

○ 나는 왜 이 선택을 했을까?

○ 이 과정에서 무엇을 배웠지?

○ 다음에는 어떤 시도를 해 볼까?

이 질문들이 쌓일수록, 실패는 단순한 실수가 아니라 나를 더 깊이 이해하게 해 주는 경험으로 변해. 키르케고르는 진정한 선택이란, 두려움을 이기고 억누르는 게 아니라, 두려운 채로도 결단을 내릴 수 있는 용기에서 나온다고 보았어. 실패를 좌절이 아니라, 삶을 묻는 질문의 기회라고 여긴 거지.

실패와 함께 살아가는 법

실패에 대한 두려움, 정말 많은 친구들이 느끼는 감정이야. 발표 시간에 실수했을 때, 시험에서 기대했던 성적이 나오지 않았을 때, 그 순간의 자책감과 수치심은 정말 견디기 어렵지.

그런데 키르케고르가 말했듯이, 그 불안과 두려움 자체가 네가 자신의 삶을 진지하게 대하고 있다는 증거야. 아무것도 느끼지 않는 사람보다, 실패를 두려워하고 고민하는 사람이 오히려 더 다양한 각도로 자신을 다듬어 가는 거지.

내 경험을 하나 나눠 볼게. 고등학교 때 나는 발표를 정말 못했어. 한번은 전교생 앞에서 발표하다가 완전히 얼어 버린 적도 있었거든. 말이 끊기고, 얼굴이 화끈거리고, 애들이 웅성거리던 소리가 아직도 기억나. 그때 느꼈던 수치심은 꽤 오래갔어.

근데 지금 돌아보면, 그 경험 덕분에 내가 다른 사람의 실수를 더 잘 이해하는 사람이 됐다고 생각해. 누가 실수하거나 버벅댈

때 괜히 부끄러워하지 않게 됐고, 무대에 선 사람의 떨리는 마음
이 어떤 건지 알게 되었거든.

　실패가 무서워서 아무것도 선택하지 않는 삶은 겉으론 안전해
보일지 몰라도, 실제로는 가장 깊은 절망에 가까운 상태라고 키
르케고르는 보았어. 그러니까 결국 실패는 '끝난 증거'가 아니라,
배우고 있다는 증거야. 실패는 결과가 아니라 과정이지. 그리고
그 과정에서 우리는 계속해서 배우고 성장해. 키르케고르가 말
한 것처럼, 불안한 가운데서도 앞으로 나아가는 용기, 그게 바로
진짜 성장의 시작일 거야.

실패는 나를 흔들 수는 있어도, 나를 정의하지는 못합니다. 실패가 곧 나 자신이 되지는 않기 때문입니다. 절망은 자기 자신을 완전히 부정할 때 시작되지요. 그 실패 하나로 스스로를 무능한 사람이라고 규정하고, 다시 시도할 권리까지 포기해 버릴 때 절망은 시작됩니다.

중요한 건 실수를 피하는 삶이 아니라, 실패했을 때도 나를 포기하지 않는 태도입니다. 무너지는 것보다 더 큰 절망은 다시 일어설 수 없다고 믿어 버리는 것이니까요. 넘어졌다면, 그것을 기회로 잠시 멈춰서 자신을 점검해 보세요. 그 멈춤은 포기가 아니라, 다시 도전할 권리를 되돌려 받는 시간일 수 있습니다.

그리고 다시 일어설 수 있다는 사실을 의심하지 마세요. 두려움이 남아 있더라도, 다시 시도할 수 있다는 믿음이야말로 앞으로의 길을 열어 주는 힘이니까요.

💬 나는 어떤 실패를 가장 두려워하고 있을까?

그 두려움 속에 내가 지키고 싶은 게 무엇인지 들여다보자.

💬 실수한 나에게 지금 해 주고 싶은 말이 있다면?

친구에게 말하듯 나에게도 따듯하게 말해 보자.

💬 실패가 나에게 남긴 것은 무엇일까?

내 안에 어떤 힘이나 통찰을 남겼는지 떠올려 보자.

2장

감정

“너무 힘들 때는 잠시 멈추어 고통을 있는 그대로
바라보는 것이 오히려 현명하다.”

아르투어 쇼펜하우어(Arthur Schopenhauer)

1

또 다짐했는데
또 포기했다

…

미라클 모닝은 개뿔, 테러블 모닝이었다.

어젯밤엔 "내일은 꼭 6시에 일어나서 스트레칭하고 단어 외우고,

여유 있게 아침 먹자!"라고 다짐했는데, 현실은 알람 끄고 기절.

눈 떠 보니 등교 15분 전. 세수 생략, 아침 생략, 정신줄 생략.

계획은 멋지게 세워 놓고 왜 실행은 이 모양일까?

계획을 안 세우자니 더 무너질까 봐 무섭고,

세우자니 지키지 못할 때 우울하다.

작심삼일을 30번 반복하는 것도 의미가 있을까…?

6시에 일어나 스트레칭
단어 좀 외워주고~
여유 있게 아침 식사
미라클 모닝은 개뿔!!
꿈 깨~

왜 나는 항상 작심삼일일까?

새 학기 첫날, 월요일 아침… 우리는 늘 새로운 결심을 해. "이번엔 정말 달라질 거야!" 하지만 며칠 지나면 어김없이 원래대로 돌아가 있어. "나는 왜 의지가 이렇게 약할까?" "다른 애들은 어떻게 꾸준히 하지?" "나는 정말 안 되는 사람인가?" 이런 마음을 이해했던 철학자, 사르트르는 우리에게 이렇게 말해.

"우리는 매 순간 다시 선택해야 하는 존재다."

사르트르는 우리가 한 번 결심했다고 그것이 영원히 지속되지는 않으며 인간은 매 순간 그 결심을 다시 선택해야 하는 존재라고 봤어. 그러니까 작심삼일은 의지의 문제가 아니라, 인간 존재 자체의 특성인 거야. 우리는 한 번 프로그래밍이 되면 자동으로 움직이는 기계가 아니라, 매일매일 새롭게 결정하고 선택하는 자유로운 존재니까.

사르트르가 말하는 '나쁜 믿음'이란?

사르트르는 『존재와 무』에서 '나쁜 믿음'이라는 개념을 이야기했어. 이건 쉽게 말하면 자기 자신을 속이는 태도야. "나는 원래 의지가 약한 사람이야." "나는 공부에 소질이 없어." "나는 원래 그런 사람이야." 이런 식으로 자기 자신을 고정된 존재로 규정해 버리는 거, 그게 바로 나쁜 믿음이지.

사르트르는 말해. "넌 원래 그런 사람이 아니야. 넌 지금 그런 선택을 하는 사람일 뿐이야." 작심삼일을 반복할 때 우리는 자주 이런 핑계를 대. "나는 원래 끈기가 없어." "나는 태생적으로 게을러." 하지만 이건 자기기만이야. 우리는 매 순간 다르게 선택할 수 있는 자유가 있어. 어제의 포기가 오늘의 나를 결정하진 않아.

결심도 선택, 포기도 선택

사르트르는 인간을 '선택으로 이루어진 존재'라고 봤어. 이 말은 우리가 선택할 자유를 가지고 있지만, 그 선택에는 책임이 따른다는 뜻이야. 결심을 세우는 것도 선택이고, 그 결심을 지키는 것도 매 순간의 선택이야. 그리고 포기하는 것도 또 하나의 선택이지.

"어제 운동하겠다고 했는데 오늘은 안 했네." 이건 의지가 약해서가 아니라, 오늘 아침에 '운동하지 않기'를 선택한 거야. 그리고 그 선택에는 분명한 이유가 있을 거야. 피곤했을 수도 있고, 마음이 복잡했을 수도 있고. 중요한 건 그 선택을 핑계로 덮지 않고, 인정하고 들여다보는 거야. "나는 왜 의지가 약할까?"가 아니라 "나는 왜 그런 선택을 했을까?"라고 물어보는 거지.

작심삼일에도 책임이 따른다

사르트르가 말한 '실존'은 단순히 "마음대로 살아라."가 아니야. 그는 말했어. "인간은 자유롭게 선택할 수 있지만, 그 선택에 책임을 져야 한다." 작심삼일도 마찬가지야. 결심을 세우는 것도 선택이고, 포기하는 것도 선택이야. 그리고 그 선택들이 모여서 지금의 나를 만들어.

"어제 일찍 자겠다고 했는데 또 새벽까지 폰을 봤네." 이때 사르트르는 말해. "그 선택에 책임을 져야 한다."라고. 하지만 이건 자책하라는 뜻이 아니야. 그 선택이 왜 일어났는지, 그 속에서 내가 진짜 원하는 게 뭔지를 정직하게 바라보라는 거야.

"인간은 자신의 선택에서 벗어날 수 없다."

사르트르는 자유를 축복이자 짐이라고 봤어. 작심삼일을 반복하는 것도 내 자유지만, 그 패턴이 나에게 어떤 영향을 미치는지도 내가 책임져야 해. 누구도 나를 대신해 줄 수 없기 때문에, 다음 선택을 내 책임으로 만들어 가야 한다는 거야.

매 순간 다시 선택하는 용기

사르트르는 인간을 '투사(投射)'하는 존재라고 말했어. 쉽게 말하면, 우리는 현재에 만족하지 않고 끊임없이 '더 나은 내일'을 향해 나아가려는 존재라는 뜻이야. 작심삼일이 반복되는 이유는, 우리가 한 번의 결심으로 모든 걸 해결하려 하기 때문이야. 하지만 실제로는 매 순간 그 결심을 다시 선택해야 해. "오늘도 운동하기를 선택할까?" "지금 유튜브를 끄고 공부하기를 선택할까?" 그렇게 결심을 다시, 또 다시 선택할 때 비로소 그 결심은 내 것이돼.

사르트르는 '진정성'을 강조했어. 그 선택이 진짜 내 마음에서 나왔는지, 아니면 그냥 '해야 하니까' 한 건지를 구분해 보라고 말했지. "공부 열심히 해야지."라는 말도, 그 과목이 진짜 궁금해서 하는 건지, 의무감 때문인지 나 스스로 물어봐야 해.

우리는 작심삼일을 너무 빨리 실패로 단정하려는 경향이 있어. 하지만 사르트르는 말해. 그건 좌절이 아니라 탐색의 기회라고. 매 순간 다시 선택할 수 있다는 것, 그게 사르트르가 말한 진짜 자유야.

섣불리 나를 규정하지 마

다짐은 그럴듯했지만 며칠 만에 흐지부지되고, 스스로 실망하고, 점점 기대조차 안 하게 되는 감정. 사르트르는 이런 순간에 우리가 자주 빠지는 함정을 지적했어.

"나는 원래 의지가 약해." 그건 사실이 아니라, 자신을 너무 빨리 규정하는 나쁜 믿음일 수 있어. 그보다는 "나는 지금까지 그런 선택을 해 왔을 뿐."이라고 바라보는 태도가 더 정직하지. 결심은 완벽하게 지키기 위한 약속이 아니야. 지금 내가 어느 방향을 바라보고 있는지를 확인하는 기회일 뿐이야. 계획이 어그러졌다고 해서 방향 자체가 사라지는 건 아니니까.

진짜 무서운 건 작심삼일이 아니라, '나는 원래 이런 사람이야.' 라며 어떤 시도도 하지 않게 되는 거야. 실패보다 더 깊은 절망은 가능성을 스스로 포기하는 거 아니겠어?

작심삼일이 반복된다고 해서 당신이 실패한 건 아닙니다. 실패란 말은 완전히 포기해 버렸을 때 붙는 것이지, 멈췄다가 다시 걷는 일에는 붙지 않지요. 당신은 매 순간 다시 선택할 수 있습니다. 그 가능성이야말로, 당신이 자유로운 존재라는 가장 분명한 증거입니다.

작심삼일은 어떤 방법이 나에게 맞지 않았다는 사실을 알려 주는 경험일 수 있습니다. 혹은 내가 원하는 삶이 무엇인지 더 솔직하게 드러내는 기회일 수도 있고요. 진짜 두려운 건 의지가 약한 내가 아니라, 더는 나 자신의 선택을 믿지 않게 되는 상태입니다.

● 자꾸 실패하는 와중에도 내가 놓지 않고 있는 건 뭘까?
반복되는 작심삼일 속에서도 끝내 포기하지 않는 무언가가 있을지도 몰라.

2

하루를 그냥
흘려보낸 것 같아

. . .

주말 내내 말 그대로 아무것도 안 했다.

오늘 걸음 수는 150보도 안 되는데, 스크린 타임은 15시간.

침대에 누워서 폰 만지다 보니 어느새 밤 12시다.

눈은 계속 뭔가를 보고 있었는데, 머리는 멍하고 마음은 괜히 불편하다.

시간은 아이스크림처럼 사르르 녹고,

나한테 주어진 건 아이스크림 막대기 같은 '현타' 뿐이다.

그냥 자동으로 재생되는 영상처럼 멍하게 흘러간 하루.

이렇게 인생을 허비해도 되는 걸까?

주말 내내 말 그대로 아무것도 안 했다.
ㄴ
머리가 멍~해 …
ㄷ
이렇게 인생을 허비해도 되는 걸까?

오늘 하루, 내 삶은 진짜였을까?

잠자리에 누워 하루를 떠올릴 때가 있어. 학교 가고, 수업 듣고, 집에 와서 폰 보고, 영상을 보다 잠드는 패턴이 이어지면 시간은 흘렀는데 마음 한쪽이 괜히 비어 있는 느낌이 들지. "나는 왜 이렇게 살고 있지?" 하는 생각이 스치기도 하고. 하이데거는 이런 감정을 단순한 공허함으로 보지 않았어. 그는 인간만이 자기 삶을 되돌아보고 스스로에게 질문을 던질 수 있다고 말했지.

"인간은 자기 자신에 대해 궁금해할 수 있는
유일한 존재다."

동물은 "나는 왜 여기 있지?"라고 묻지 않아. 하지만 우리는 반복되는 루틴 속에서도 어느 순간 걸음을 멈추고 지금의 나를 다시 바라보게 돼. 하이데거는 이런 순간을, 자동으로 흘러가던 하루에서 잠시 벗어나 자기 삶을 새롭게 바라볼 수 있는 지점으로 보았어.

"지금 깨어서 살고 있는가,
아니면 그냥 습관대로 하루를 보내고 있는가?"

그에게 중요한 건 바로 이런 물음이었어. 익숙한 하루가 흔들리는 그 짧은 순간에 사람은 비로소 자신의 가능성을 다시 바라볼 수 있다고 생각했지.

매 순간이 특별할 필요는 없어

하이데거는 우리가 매 순간 뭔가 특별하고 대단한 일을 해야만 의미 있는 하루라고 생각하는 걸 경계했어. 세상은 성과를 내고, 인정받고, 뭔가를 이뤄야 의미 있는 인생이라고 말하지만, 하이데거는 그렇게 보지 않았거든. 그는 말했어.

"중요한 것은 무엇을 하느냐가 아니라,

그것을 어떻게 하느냐이다."

그냥 게임을 하더라도, 그 시간을 내가 진짜 즐기고 있는지, 혹은 그저 시간 때우고 있는지에 따라 전혀 다른 경험이 될 수 있다는 거야. 억지로 공부하는 것과 궁금해서 알아보는 공부도 완전히 다르고. 그러니까 문제는 '행동' 그 자체보다도, 그걸 대하는 내 태도와 의식이라는 거지.

하이데거는 지금 내가 뭘 하고 있는지 자각하는 것, 그걸 삶의 핵심으로 봤어. 그래서 뭘 해도 좋아. 다만 내가 왜 그걸 하고 있는지 알고 있어야 한다는 거지. 그러면 아무리 평범한 하루라도 그 안에서 나만의 의미를 찾을 수 있어.

허전함도, 불안도 괜찮아

하이데거는 허전하거나 불안한 감정을 나쁘게 보지 않았어. 오히려 그런 감정은 우리가 '그저 흘러가는 삶'을 깨우는 신호라고 했지.

오늘 하루가 허무하게 느껴졌다면, 지금의 삶을 다시 바라보게 만드는 기회일 수 있다는 뜻이야. 많은 사람들은 이런 감정을 빨리 없애려고 해. 더 바쁘게 움직이거나, 뭔가 재밌는 걸 찾아서 그 감정을 덮으려고 하지. 근데 하이데거는 그 감정을 그냥 지나치지 말라고 했어.

"불안은 단지 피해야 할 감정이 아니라,
존재에 대해 질문할 수 있도록 이끄는 감정이다."

어쩌면 그 허전함은 네 안의 어떤 가능성이 아직 열리지 않았다는 신호일지도 몰라. 그러니까 그 감정에 한번 귀 기울여 보는 거야. 거기서부터 깨어 있는 삶이 다시 시작될 수 있어.

깨어 있는 삶이란

하루하루가 똑같이 느껴지고, 뭔가 의미 없이 흘러가는 느낌, 정말 많은 친구들이 경험하는 감정이야. 특히 요즘엔 SNS 때문에 더 그런 것 같아. 다른 사람들은 뭔가 의미 있고 특별한 일만 하면서 사는 것처럼 보이거든.

근데 진짜 삶은 SNS처럼 하이라이트만 있는 게 아니야. 대부분은 그냥 평범하고, 때로는 조금 지루하지. 오히려 그게 정상일지도 몰라. 중요한 건 그 평범한 시간을 내가 자각하면서 살아가고 있는가야.

"내가 지금 뭘 하고 있는 거지?" 이 질문이 떠오를 때가 가장 중요한 순간이야. 하이데거는 그걸 '존재의 자각'이라고 불렀어. 많은 사람들은 이런 생각을 불안하게 느끼지만, 오히려 그게 진짜 깨어나고 있다는 신호일지도 몰라.

하이데거가 말하고 싶었던 건 이거야. 우리가 로봇처럼 살지 않으려면, 가끔은 멈춰서 "나는 지금 어떤 삶을 살고 있는가?"를 물어봐야 한다는 거. 그 질문 자체가 이미 깨어 있는 삶의 시작이야.

완벽한 하루를 살 필요는 없어. 매일이 특별할 필요도 없어. 하지만 가끔은 "아, 내가 지금 이걸 하고 있구나." 하고 나 자신을 의식하면서 살아 보자. 그렇게 잠깐 멈춰서 내 삶을 바라보는 연습만으로도 하루는 조금 더 선명해질 수 있어.

때때로 삶은 납작하게 느껴집니다. 시간이 흘렀는데 내가 그 시간을 살았다는 감각이 실감 나지 않을 때처럼요. 제가 말한 '존재한다'라는 것은 단순히 숨 쉬고 있다는 뜻이 아닙니다. 자신에게 묻는 태도, "나는 지금 무엇을 하고 있는가?"라는 질문 자체가 이미 삶에 깨어 있으려는 몸짓이지요.

삶은 어떤 정답으로 완성되는 게 아니라, 그때그때 마주치는 시간과 감정, 질문 속에서 계속 덧입혀지는 것입니다. 그 물음이 반복되는 하루라면, 당신은 무사히 살아 있고, 살아가고 있는 것입니다.

💬 요즘 자꾸 허전한 기분이 드는 이유는 뭘까?

단순히 심심해서 그런 걸까 아니면 뭔가 달라지길 바라는 마음이 숨어 있을까?

💬 오늘 하루, 내가 의식적으로 한 일은 무엇일까?

그냥 습관처럼 흘려보낸 시간 말고, 내가 스스로 선택하고 의미를 느낀 순간을 떠올려 보자.

💬 나는 왜 "이렇게 살아도 되나?"라는 질문을 하고 있을까?

그 물음 속에는 지금보다 더 나답게 살고 싶다는 마음이 담겨 있을지도 몰라.

3

아무것도 하기 싫어

...

하루에 4시간씩 자면서 공부했다.

시험 끝나면 뭐든 다 할 수 있을 줄 알았는데,

막상 끝나니까 아무것도 하고 싶지 않았다.

친구들은 노래방 간다, 게임방 간다, 치킨 시킨다고

난리였는데 나는 그냥 가만히 있고 싶었다.

답도 안 맞춰 보고 그냥 집에 와 버렸다.

가방 던져 놓고 침대에 누웠다. 불도 안 끄고, 옷도 그대로 입고

그냥 잠들어 버렸다. 유튜브도 귀찮고, 폰 켜기도 싫다.

아까 그 시험… 도대체 뭐가 그렇게 중요했던 거지?

어두컴컴, 승객도 없는 승강장에 홀로 남은 기분이다.

무기력
어디로

그냥 아무것도 하기 싫어

누워만 있고 싶고, 공부도, 친구도, 미래도 모두 귀찮게 느껴질 때가 있어. 몸은 멀쩡한데, 마음이 텅 비어 버린 것 같은 날들. "왜 이렇게 의욕이 없지?" "나만 이렇게 무기력한가?" "다들 열심히 사는데, 나는 왜 아무것도 못 하겠지?" 그럴 때 독일 철학자 쇼펜하우어는 의외로 이렇게 말할지도 몰라.

"너무 힘들 때는 잠시 멈추어 고통을 있는 그대로
바라보는 것이 오히려 현명하다."

그 한마디가 지금의 너에게 위로가 될 수도 있지. 쇼펜하우어는 삶의 고통과 무기력을 인간 존재의 자연스러운 일부로 보며, 그런 감정을 억지로 밀어내려 하기보다는 받아들이고 이해하려 할 때 진정한 평안을 찾을 수 있다고 말했어.

왜 갑자기 이렇게 됐을까?

어제까지 멀쩡했는데 오늘은 왜 이러지 싶은 날, 사실 그 감정은 하루아침에 생긴 게 아니야. 요즘은 그냥 가만히 있는 시간이

거의 없잖아. 밥 먹으면서 유튜브 보고, 걷는 중에도 폰 들여다보고, 심지어 잠들기 직전까지도 뭔가 계속 보고 있어. 자극은 쉬지 않고 들어오는데, 마음은 쉴 틈이 없는 거야. 잘하고 싶고, 사랑받고 싶고, 나답게 살고 싶고… 그런 생각들이 계속 우리를 조용히 지치게 만들지.

"삶은 본질적으로 고통이다.
우리는 끊임없이 무언가를 원하고,
그 욕망이 우리를 괴롭힌다."

무기력함도 삶의 일부다

아무것도 하기 싫은 감정은 꼭 '게으름'이나 '의지 부족' 때문만은 아니야. 쇼펜하우어가 발견한 진실은 이거야.

"삶 자체가 무겁고 피곤한 것이기에,
피로감이 찾아오는 건 아주 자연스러운 일이다."

특히 열심히 살아온 사람일수록 그렇지. 늘 좋은 성적을 받아야 하고, 계획대로 움직여야 하고, 끊임없이 목표를 세워야 하고… 그러다 보면 쉬는 순간조차 불안해져.

하지만 강박이 오히려 우리를 더 빨리 지치게 만들어. 마치 전속력으로 달리면 100미터도 버거운 것처럼 말이야. 때로는 '멈춤'이야말로 가장 건강한 선택일 수 있어. 쇼펜하우어는 이런 멈춤을 삶의 지혜라고 보았어. 무작정 달리다 벼랑에서 떨어지는 것보다, 잠시 멈춰 숨 고르기를 택하는 편이 훨씬 현명하니까.

무엇을 하지 않을 것인가

아무것도 하기 싫은 기분일 때는 '무엇을 할까?'보다 '무엇을 하지 않을까?'를 먼저 생각해 봐. 쇼펜하우어는 욕망과 자극에서 거리를 두는 삶을 권했어.

"우리는 욕망을 멈추는 순간,

비로소 평온에 다가갈 수 있다."

스마트폰을 끄고 잠깐 멍 때리기, 좋아하는 음악 들으면서 걷기, 그냥 조용히 창밖 보기도 좋아. 거창한 뭔가를 하지 않아도 돼. 중요한 건 그 시간에 내 마음이 어떻게 움직이고 있는지를 느껴 보는 거야. "나는 왜 이렇게 지쳤을까?" "요즘 진짜 원하는 게 뭐였지?" 그런 질문을 던지는 순간, 마음이 조금씩 제자리로 돌아오기 시작할 거야.

너무 열심히 살아온 사람일수록 더 무기력해진다

쇼펜하우어는 낙관적인 철학자는 아니었어. 대신 누구보다 인간의 고통을 정직하게 바라보았지. 그는 이렇게 말했어.

"무력감을 느낀다는 것은 삶의 본질을
더 뚜렷하게 인식하고 있다는 뜻이다."

뭔가를 멈추고 싶은 마음이 든다면, 그건 네가 진짜 많이 달려왔다는 뜻이야. 아무것도 하지 않는 시간이 결코 의미 없진 않아. 그건 '나에게로 돌아오는 시간'일 수 있어. 무기력해진다는 건 역설적으로 그동안 얼마나 열심히 살았는지를 보여 주는 증거야. 그러니 너무 자책하지 말고, 잠시 쉬어 가도 괜찮아.

무기력을 받아들이는 법

무기력할 때 우리는 쉽게 자신을 자책해. "나는 왜 이렇게 의지가 약할까?" "다른 친구들은 다 열심히 하는데, 나만 왜 이럴까?" 하지만 이런 생각이 오히려 무기력함을 더 깊게 만들어. 사실 완벽주의 성향이 강하거나 성취 욕구가 높은 사람일수록, 더 심한 무기력을 느끼기도 해.

무기력함을 '게으름'으로 부르는 사람들이 있지만, 정작 게으른 건 게으르다는 말 한마디로 무기력을 설명하려는 사회일지도 몰라. 우리에게 쉴 권리조차 허락하지 않으니까.

쇼펜하우어가 이야기했듯이 우리는 늘 무언가를 '해야만' 한다는 압박 속에 살아가. 그러나 때로는 아무것도 하지 않는 시간이 필요해. 그 시간은 낭비가 아니라, 내면을 재정비하는 소중한 과정이야.

무기력이 찾아오면 억지로 밀어내지 말고 잠시 받아들여 보자. 그리고 자신에게 조용히 물어봐. "내가 지금 내려놓아야 할 것은 무엇일까?" 계속 무언가를 해내야 한다는 강박에서 벗어나 잠시 쉬며 나 자신을 돌아보는 시간이 될 거야.

아무것도 하기 싫을 땐, 굳이 애써 움직이려 하지 않아도 됩니다. 무기력은 게으름이 아니라, 삶에 조금 지쳐 있다는 신호일 수 있습니다. 삶을 있는 그대로 바라보는 것, 사실 그게 가장 깊은 지혜가 아닐까요?

우리는 늘 무언가를 바라며 살고, 그 끝없는 욕망이 때로는 우리를 지치게 만듭니다. 그럴 땐 예술이나 자연, 고요한 명상 같은 것들이 잠시 숨을 돌릴 수 있게 도와줍니다.

저에게 가장 순수한 위로는 음악이었습니다. 당신도 지금 좋아하는 음악을 듣고 있다면, 혹은 창밖을 멍하니 바라보고 있다면, 그건 결코 헛된 시간이 아닙니다. 그런 시간들이 지친 마음을 회복시켜 줄 것입니다.

💬 오늘 하루, 나를 가장 편안하게 해 준 순간은 언제였을까?
그 작은 쉼이 내게 어떤 의미였는지 되돌아보자.

4

왜 자꾸 미루게 될까?

...

할 일이 산더미인데, 친구들이랑 놀고 말았다.

하지만 컵라면 먹을 땐 쓰다 만 독서 감상문이 떠오르고,

딸기라테 마실 땐 밀린 학원 숙제가 떠올랐다.

노래방에서 샤우팅할 땐 잠깐 다 잊었다가,

80점에서 수학 수행 평가가 생각나 버림.

겉으론 웃고 떠들었지만 머릿속에 미뤄 둔 것들이 잔상처럼 떠다녔다.

할 일을 한 것도, 신나게 즐긴 것도 아닌 이상한 하루.

나는 진짜 놀고 싶었던 걸까? 아니면 그냥 할 일을 회피하고 싶었던 걸까?

괜히 마음만 어수선해졌다. 내일의 나야… 잘할 수 있겠니?

아! 맞다
독서 감상문 쓰다 말았지!
학원 숙제 어떡하지?
워어어 ~ 예 ♪
80점? 수행 평가 점수가 생각나...
잘했네~
이상한
하루네...

내일 해야지…

과제는 미루고, 공부는 내일로 넘기고, 해야 할 일을 머릿속으로만 몇 번씩 되뇌다가, 결국 아무것도 못 한 채 하루가 끝나 버려. "나만 이렇게 무너지는 것 같아." "다들 열심히 사는데, 왜 나만 매일 게으를까?" 자책하고, 다시 마음을 다잡고, 또다시 미루고… 이런 반복 속에서 우리는 자신을 '의지가 약한 사람'이라 여겨.

아리스토텔레스는 『니코마코스 윤리학』에서 '덕'을 단순히 착한 성격이 아니라 '탁월한 능력'이라고 정의했어. 용기, 절제, 끈기 같은 것들 말이야. 그리고 이런 능력들은 타고나는 것이 아니라, 작은 실천을 반복하며 몸에 밴 습관으로 만들어진다고 했지.

> "도덕적 탁월함은 습관에서 생긴다.
> 우리는 정의로운 일을 하면 정의로운 사람이 되고,
> 절제하는 일을 하면 절제력 있는 사람이 되며,
> 용감한 일을 하면 용감한 사람이 된다."

지금 너의 미루는 행동은 의지가 약해서가 아니라, '미루는 습관'이 몸에 배어 있기 때문일 수 있어. 그렇다면 반대로 '바로 시작하는 습관'도 연습으로 익힐 수 있다는 뜻이지. 지금의 나는 게으른 사람이 아니라, 그저 새로운 습관이 필요한 사람일 뿐이야.

아리스토텔레스는 인간을 '이성'과 '실천'이 결합된 존재로 보았어. 생각만으로는 충분하지 않아. 옳다고 믿는 것을 실제 행동으로 옮길 때, 비로소 그것이 우리의 성품이 된다고 봤지.

미루는 마음 속에는 '감정의 불균형'이 있다

아리스토텔레스는 '중용'이라는 개념을 말했어. 모든 덕은 극단적인 감정 사이에서 균형을 잡는 데 있다고 했지.

> "덕이란 감정이나 행동에서 치우치지 않고,
>
> 균형을 잡는 태도다."

예를 들어 용기는 무모함과 비겁함 사이의 덕이고, 절제는 방탕과 금욕 사이의 덕이야. 그렇다면 미루는 행동도 감정의 균형이 무너진 결과일 수 있어. 너무 완벽하게 하려다 시작조차 못 하거나, 실패가 두려워서 손도 못 대고 피하게 되지. 이건 게으름이 아니라, 감정의 균형을 잡지 못한 상태인 거야.

감정을 적이 아닌 친구로

아리스토텔레스는 감정을 억누르라고 하지 않았어. 오히려 감정과 대화하라고 했지.

"감정을 느끼지 않는 것이 덕이 아니라,

적절한 시기에, 적절한 방식으로

감정을 느끼는 것이 덕이다."

불안해서 미룬다면, "왜 불안하지?" 하고 물어봐. 완벽주의 때문에 시작을 못 하고 있다면, "완벽하지 않아도 괜찮지 않을까?"라고 스스로에게 말해 봐. 지루해서 집중이 안된다면, "조금 더 재미있게 시작할 방법이 없을까?"라고 생각해 보는 거야. 이런 질문을 던지는 순간, 우리는 감정의 노예가 아니라, 감정과 함께 걷는 존재가 될 수 있어. 미루는 마음도 어쩌면 나를 보호하려는 신호일 수 있거든. 그 신호를 이해하고 나면, 행동하기가 훨씬 쉬워져. 감정을 이겨 내는 게 아니라, 이해하는 게 진짜 힘이야.

한 걸음만 내딛어도 덕이다

아리스토텔레스는 덕을 '탁월성'이라 표현했어. 여기서 말하는 '탁월성'은 뭔가 엄청 특별하거나 완벽한 걸 뜻하는 게 아니야. 그저 '나답고 바람직한 방향으로 잘 살아가는 능력'이라고 보면 돼. 그리고 그 능력은 타고나는 게 아니라, 지금 이 순간의 작은 선택에서 시작된다고 말했지. "딱 10분만 해 볼까?" "일단 책상 앞에 앉아 볼까?" "머릿속 생각을 노트에 써 볼까?" 이런 작고 실천적인 행위들이 쌓여서 결국 습관이 되고, 습관이 인격을 만들고, 그 인격이 삶을 이끌어 가는 거야.

"행위는 반복되고, 반복은 습관이 되며,

습관은 성품을 만들고, 성품은 운명을 이끈다."

아리스토텔레스는 인간이 더 나은 삶을 향해 나아가려는 존재라고 봤어. 지금 미루고 있는 나도, 그 안에는 '더 나은 나'를 바라는 마음이 숨어 있어. 그걸 단지 '의지가 약하다'고 부르지 말자. 그건 실패가 아니라, 아직 땅속에서 자라고 있는 씨앗일 뿐이야.

작은 실천이 만드는 큰 변화

미루는 습관에서 벗어나기는 쉽지 않아. 특히 그 패턴이 오래 반복되었을수록, 더 벗어나기 어려워져. 하지만 아리스토텔레스는 이걸 의지력의 문제가 아니라 습관의 문제로 보았어. 완벽주의는 오히려 시작을 방해해. 너무 큰 목표를 세우면 부담돼서 아예 손을 못 대게 되거든. 그러니까 "오늘은 문제 하나만 풀자." "딱 5분만 책상 앞에 앉자."처럼 작게 시작해 봐.

중요한 건 완벽하게 해내는 게 아니라 반복하는 거야. 습관은 그렇게 자라고, 그 습관이 너라는 사람을 만들어 가지. 자신을 너무 책망하지 말자. 미루는 마음 뒤에는 보통 불안이나 부담감 같은 감정이 숨어 있어. 그 감정을 무시하지 말고, 이해하려고 해 봐. 지금은 한 발짝일지라도 그걸 꾸준히 반복하면 어느 순간, 꽤 멀리 와 있을지도 몰라.

딱 한 걸음만 내딛어도 괜찮습니다. 그 한 걸음이 언젠가 당신의 삶을 조금씩 바꾸어 놓을 수도 있으니까요. 작은 실천은 결국 성품이 됩니다. 용기, 절제, 꾸준함 같은 것들은 타고나는 게 아니라, 하루하루의 반복 속에서 조금씩 길러지는 것이에요. 거창한 결심보다 중요한 건, 지금 당장의 작은 시작입니다.

미루지 않는 사람은 대단한 의지를 지닌 사람이 아닙니다. 그저 작은 행동을 계속 이어 가는 사람일 뿐입니다. 작은 반복이 쌓여 성품이 되고, 결국 그 성품이 삶의 방향을 바꾸어 갑니다.

잠깐, 너는 어떻게 생각해?

💬 내가 자주 미루는 일은 어떤 종류일까?

패턴을 알아야 고칠 수 있어. 어떤 일이 반복적으로 어려웠는지 떠올려 보자.

💬 한 걸음만 내디딘다면 나는 어떤 기분을 느낄 수 있을까?

지금보다 덜 부담스럽고 조금은 후련할 수도 있어.

5

화를 내면 나쁜 사람일까?

…

친구 중에 얄미운 말커터가 있다.

내가 무슨 말만 하려고 하면 끊고 끼어들어서 자기 얘기를 늘어놓는다.

내가 발표하고 있는데, 손도 안 들고 나서서

아는 척 떠드는 건 진짜 선 넘은 거 아니냐고.

순간 얼굴이 확 달아오르고 속이 부글부글 끓었는데

"응응 참고할게." 하고 넘겨 버렸다.

내가 화내면 분위기 싸해질까 봐, 예민한 애로 보일까 봐….

화를 내는 것도, 참는 것도 어렵다.

아~그게?
으...
으...
이 문제는
나! 나! 나!

화를 내면 내가 나쁜 사람 같아

누군가가 기분 상하는 말을 했을 때, 속은 부글부글 끓지만 겉으로는 웃어넘길 때가 있어. 억울하고 서운한데도 "괜찮아."라고 말해 버리는 거지. 왜냐하면 화를 내면 너무 예민해 보일까 봐, 괜히 사이가 어색해질까 봐 참고 있는 거야. 그런데 그 감정을 자꾸 누르다 보면, 어느 순간 작은 일에도 폭발하거나, 오히려 내가 나를 더 미워하게 되기도 해. 고대 로마의 철학자 세네카는 분노라는 감정을 깊이 탐구했어. 세네카는 감정을 억누르는 것보다 이해하고 조절하는 것이 진정한 지혜라고 보았어.

"분노는 잠깐의 광기다.

하지만 그 광기를 다스릴 힘도 우리에게 있다."

감정을 억누르는 것 vs 감정을 다루는 것

세네카는 『분노에 관하여』에서 분노를 세 단계로 설명했어. 첫 번째는 충동적인 반응, 두 번째는 그 반응에 대한 동의, 세 번째는 행동으로 옮기는 단계야. 그는 "분노는 해치려 하고, 최소한 화내는 대상을 망치려 한다."라고 했어.

하지만 세네카는 우리가 첫 번째 단계에서 멈출 수 있다고 믿었
어. 분노의 충동이 일어나는 건 자연스럽지만, 그것에 동의하고
행동으로 옮기는 건 우리의 선택이라는 거야.

즉, 감정을 무조건 참는 것도, 감정에 휘둘리는 것도 바람직하
지 않아. 감정을 없애는 게 아니라, 잘 다스리는 것이 중요하다고
본 거지. 우리에겐 감정과 함께 걷는 연습이 필요해.

왜 우리는 감정을 참을까?

"화를 내면 어른스럽지 못하다고 느껴져." "친구들이 나를 싫어
할까 봐 두려워." "예민하다는 말 듣기 싫어." 이런 마음은 누구나
갖고 있어. 우리는 '좋은 사람'이라는 이미지에 너무 익숙해져 있
어서 갈등을 피하고, 불편함을 외면하고, 화도 '예쁘게' 내야 한다
고 배워 왔거든. 하지만 세네카는 이렇게 말했어.

"감정을 억압하는 것은 자신을 노예로 만드는 일이다.

진정한 자유는 감정을 이해하는 데서 온다."

특히 우리 사회는 참는 게 미덕이라는 말에 익숙하지. 하지만

무조건 참는 건 해답이 아니야. 오히려 쌓인 감정은 언젠가 폭발하거나, 내 마음을 점점 딱딱하게 만들 수 있어.

분노의 역할, 나를 지키는 경계선

화는 나쁜 감정이 아니야. 오히려 우리가 지켜야 할 가치나 경계를 침범당했을 때 나타나는 자연스러운 신호야. 부당하게 대우받았을 때, 무시당했을 때, 내 감정이 존중받지 못했다고 느낄 때, 이런 순간에 화가 나는 건 나를 지키기 위한 반응이야.

중요한 건 화를 '없애는 것'이 아니라, 그 감정을 어떻게 표현하고 다루느냐야. 세네카는 분노를 마음의 '경보 시스템'이라고 생각했어. 예를 들어, 네가 발표할 때 친구가 웃었다면, 그때 느낀 분노는 자존감에 대한 위기 신호였을 수 있어. 그 감정 자체는 소중해. 다만, 그 감정을 어떻게 행동으로 옮기느냐가 중요한 거지.

감정 표현도 연습이 필요해

세네카는 감정을 조절하는 능력이 타고나는 게 아니라, 연습을 통해 길러지는 것이라고 봤어.

화를 다스리는 것도 마찬가지야. 매번 조금씩 더 솔직하게, 조금 더 건강하게 감정을 표현해 보는 연습이 필요해. 예를 들어 "이건 나한테 좀 상처였어." "솔직히 그땐 서운하더라." "화가 났지만 너랑 대화로 풀고 싶어." 같은 말들이지. 이런 말은 격하지 않으면서도 내 감정을 제대로 전달하고, 상대와의 관계도 지킬 수 있는 힘이 돼.

처음엔 이런 말들이 어색하고 부끄러울 수 있어. 하지만 세네카는 이렇게 봤어. 감정을 표현하는 것도 길을 익히는 것과 같다고. 처음엔 헤매지만, 자주 걸을수록 더 편안해지고, 더 정확하게 내 마음을 전달할 수 있게 되는 거야.

감정을 다스린다는 것

화라는 감정에는 분명한 이유가 있어. 오히려 내 마음을 지키기 위한 신호일 때가 많아. 다만 그 신호를 잘 듣고, 잘 해석하고, 다치지 않는 방법으로 표현하는 연습이 필요하지. 예를 들어, 발표할 때 친구가 킥킥거렸다면 정말 속상했을 거야. 그런 상황에서 화가 나는 건 너무 자연스러운 일이야. 중요한 건 그 화를 억누르는 게 아니라, 감정을 인정하고 건강하게 표현하는 법을 배우는 거야.

세네카가 말한 감정의 3단계를 소개할게.

❶ 충동　자연스러운 반응

"어? 지금 날 놀렸나?" 하는 순간적 감정. 누구에게나 일어나는 자연스러운 반응이야.

❷ 선택　멈추고 생각하기

"내가 지금 어떤 감정을 느끼고 있지? 이걸 어떻게 표현할까?" 이 단계에서 잠깐 멈춰서 생각해 볼 수 있어.

❸ 행동　건강한 표현

감정을 다치지 않게 표현하는 단계야. 그 자리에서 "지금 내 발음을 놀린 것 같아서 기분이 좋지 않아."라고 말할 수도 있고, 나중에 둘만 있을 때 "오늘 네가 웃은 거 때문에 속상했어."라고 말할 수도 있어. 혹은 시간을 두고 "내가 너무 예민하게 받아들인 건 아닐까?" 하고 스스로 점검해 보는 것도 좋아.

감정은 숨기지 말고, 무시하지 말고, 조금씩 안전하게 꺼내 놓는 거야. 연습하다 보면 감정과 싸우는 사람이 아니라, 감정과 함께 걷는 사람이 될 수 있어.

네가 느끼는 모든 감정에는 다 이유가 있어. 그 감정을 존중할 줄 아는 너라면, 이미 어른보다 더 깊은 마음을 가진 사람이야.

화라는 감정 자체는 잘못이 아닙니다. 그건 당신이 어떤 부당함에 반응하고 있다는 자연스러운 신호이지요. 그 감정을 억누르기보다, 조금 더 잘 다루는 방법을 연습해 보는 건 어떨까요?

감정을 느끼는 건 인간다운 일이고, 그 감정에 어떻게 반응할지는 당신이 선택할 수 있습니다. 분노는 마음속 경보와도 같습니다. 그 소리를 무시하지 말고, 왜 그런 감정이 일어났는지 천천히 들여다보세요.

감정을 탓하기보다 감정과 함께 걷는 법을 익혀 보는 거예요. 그 연습이 쌓일수록, 당신은 감정에 휘둘리는 사람이 아니라 감정을 이해하고 다스릴 수 있는 사람이 될 것입니다.

💬 화가 날 때, 나는 그 감정을 어떻게 표현하고 있을까?

억누르거나 폭발하기만 하는 건 아닌지, 혹은 내 마음을 존중하면서 건강하게 표현하고 있는지 돌아보자.

💬 화가 난 나를 진정시켜 주는 행동은 무엇이었을까?

산책, 글쓰기, 노래 듣기 등 스스로를 진정시킨 방법을 기억해 보자.

💬 감정을 더 잘 다루고 싶은 나에게, 오늘 어떤 연습을 해 볼 수 있을까?

작고 구체적인 시도를 떠올려 보자. 예를 들면, "서운할 땐 바로 말하기."

6

슬픔은 왜 나한테만
오는 것 같지?

…

버스에서 졸다가 학교 앞 정거장을 놓쳤다.

영어 수행 평가 범위 바뀐 건 나만 몰랐던 걸까?

체육복도 깜빡했는데, 빌릴 친구가 없었다.

결국 아픈 척하고 보건실에 누워 있었음.

그래, 여기까진 잘 참았는데…. 집에 와 보니 가방이 허전하다.

전학 오기 전, 친구랑 같이 사서 달았던 키링이 없다.

어디에 떨어트린 걸까? 왈칵 눈물이 쏟아졌다.

새 학교, 새 교실에 적응하는 게 어렵다.

세상은 왜 나한테만 못되게 구는 걸까? 왜 나만 속상하고 슬픈 걸까?

버스에서 졸다가 학교 앞 정거장을 놓쳤다.
체육복도 깜빡했는데 빌릴 친구가 없었다...
결국 아픈 척하고 보건실에 누워 있었음.
휴ㅠ
집에 와 보니, 가방이 허전하다.
어디에 널어뜨렸지? 소중한 건데!
내 키링...
세상이 나한테 왜 이래..

자꾸만 눈물이 나

작은 일로 괜히 울컥할 때가 있어. 다들 잘 지내는 것 같은데, 나만 뒤처진 것 같고. 누군가 위로해 줘도, 말은 들리는데 마음은 더 멀어지는 느낌이야. 쇼펜하우어는 이런 말을 남겼어.

"삶 자체가 고통이다.

하지만 그 고통은 나쁜 것이 아니다."

그는 슬픔을 나약함이 아니라, 삶을 깊이 느끼는 사람만이 가질 수 있는 감정이라고 보았어. 그러니까 네가 느끼는 이 슬픔은 이상한 게 아니라, 오히려 살아 있다는 가장 인간다운 증거야.

쇼펜하우어가 본 슬픔의 뿌리

쇼펜하우어는 『의지와 표상으로서의 세계』에서 인간은 끊임없이 무언가를 원하고, 그 욕망이 충족되지 않을 때 슬픔을 느낀다고 봤어.

"모든 인간은 갈망하는 존재이며,

우리는 사랑받고 싶고, 인정받고 싶고, 실패하고 싶지 않아. 그게 잘 안될 때 가장 먼저 찾아오는 감정이 슬픔이야. 슬픔은 화처럼 폭발하지도 않고, 불안처럼 날카롭지도 않아. 그냥 조용히, 스며들듯이 마음 한구석을 무겁게 만들지. 그 감정을 느끼고 있다는 건, 너의 마음이 무뎌지지 않았다는 뜻이야.

왜 또다시 슬퍼질까?

좋은 성적을 받아도 금세 또 다른 불안이 찾아와. 친구와 화해해도, 어느새 새로운 서운함이 생겨. 좋아하는 일을 해도, 잠깐뿐이고 곧 다시 공허해져. 쇼펜하우어는 이런 반복되는 슬픔의 이유를 우리 마음이 끊임없이 무언가를 갈망하기 때문이라고 설명했어.

이건 네가 특별히 약해서 그런 게 아니야. 원래 마음이란 게 이렇게 흔들리게 되어 있어. 시험을 잘 봐도 다음 시험이 걱정되고, 친구들과 즐겁게 놀아도 금세 또 다른 외로움이 찾아오는 건 자연스러운 일이야.

쇼펜하우어는 이를 '욕망의 진자 운동'이라 불렀어. 우리는 '바람'과 '지루함' 사이를 끝없이 오가는 존재라는 거야. 무언가를 간절히 바라면 슬퍼지고, 그걸 얻으면 잠시 기쁘다가 곧 공허해져서 또 다른 걸 찾게 되는 거지.

슬픔은 혼자만의 감정이 아니다

"왜 나만 이런 기분을 느끼는 걸까?" 싶을 때가 있어. SNS 속 사람들은 늘 잘 웃고, 밝고, 활기차 보여. 그럴수록 더 외롭고, 나만 이상한 것처럼 느껴지지. 하지만 쇼펜하우어는 이렇게 위로해.

"모든 사람은 저마다 다른 방식으로 아프다.
슬픔은 사실 우리 모두 안에 있다."

겉으로는 밝아 보이는 사람도 깊숙한 곳엔 또 다른 슬픔을 안고 있을 수 있어. 누군가의 웃음 뒤에 보이지 않는 눈물이 있을지도 몰라. 슬픔은 누구나 가진 감정이지만, 표현하는 방식이 다를 뿐이야. 그러니까 네 슬픔이 유별난 게 아니라는 걸 꼭 기억했으면 좋겠어.

슬픔은 사람을 더 깊게 만든다

쇼펜하우어는 슬픔을 피하라고 하지 않았어. 오히려 그 슬픔이 예술이 되고, 철학이 되고, 공감이 된다고 말했어.

"고통을 마주할 때, 우리는 비로소
진실한 삶을 마주한다."

울 수 있다는 건, 무너진 게 아니라 그만큼 네 감정이 제대로 작동하고 있는 뜻이야. 슬픔을 글로 써 보는 것도 좋고, 그림으로 표현해도 좋아. 좋아하는 캐릭터한테 편지를 써 봐도 돼. 누구한테도 하지 못한 말을 그 캐릭터에게는 솔직하게 털어놓을 수 있거든.

또 누군가의 아픔을 이해해 보려는 노력, 그것도 너의 슬픔이 줄 수 있는 따뜻한 힘이야. 지금의 슬픔이 결국 너를 더 깊고 따뜻한 사람으로 만들어 줄 거야.

한편, 쇼펜하우어는 슬픔의 뿌리가 되는 끝없는 갈망을 다루는 방법도 제시했어. 더 많이 가지려는 마음 대신, 지금 내가 가진 것에 집중해 보는 거야. 그러면 슬픔과 공허함도 조금씩 잦아들 거야.

슬픔과 함께 살아가기

슬픔을 느낀다는 건, 그만큼 네 감정이 정직하게 작동하고 있다는 뜻이야. 쇼펜하우어는 욕망 자체를 나쁘게 보지 않았지만, 그 욕망이 항상 충족될 수는 없다는 사실을 받아들이라고 했어.

슬픔 속에서 우리는 스스로를 더 잘 알게 되고, 다른 사람의 아픔에도 더 따뜻해질 수 있어. 쇼펜하우어가 믿었듯이 이런 아픔은 언젠가 예술이 되고, 철학이 되고, 타인을 향한 연민이 될 수 있어.

기뻐하는 것도 멋진 일이지만, 슬퍼하는 것도 용기야. 울어도 괜찮고, 혼자 있고 싶을 때는 조용히 쉬어도 괜찮아. 네가 겪는 모든 감정에는 의미가 있어.

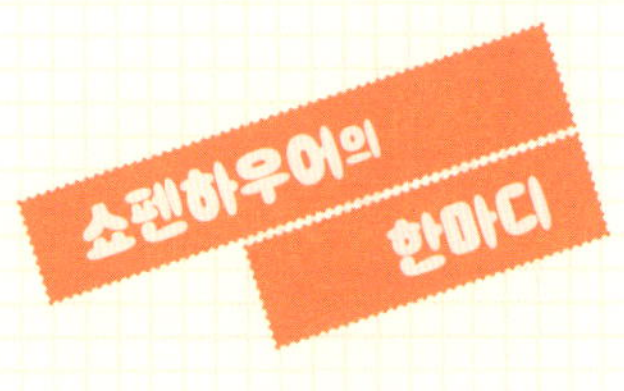

슬픔은 부끄러운 감정이 아닙니다. 슬픔은 당신의 마음이 살아 있다는 증거이며, 세상을 깊이 느낄 수 있는 섬세한 감수성의 표현이지요.

많은 사람들이 웃는 얼굴 뒤에 각자의 슬픔을 숨기고 살아갑니다. 그 사실을 아는 사람은 더 이상 자신의 슬픔을 이상하게 여기지 않게 되지요.

슬픔을 억지로 없애려 하지 않아도 괜찮습니다. 그 감정을 있는 그대로 바라보고 받아들이는 것, 그것이야말로 진짜 용기입니다.

예술과 철학, 공감과 연민은 모두 슬픔에서 출발한다고 생각합니다. 그러니 지금 당신이 느끼는 이 감정은 언젠가 누군가에게 깊은 위로가 될 수도 있습니다. 슬픔은 지나가는 감정이지만, 그 슬픔에서 배운 것들은 오래도록 당신을 더 깊은 사람으로 만들어 줄 수 있지요.

💬 나는 슬픈 감정을 어떻게 표현하고 있을까?
울기, 글쓰기, 멍하게 있기 등 나만의 방식이 무엇인지 돌이켜 보자.

💬 슬픔이 내 마음을 더 깊고 단단하게 만든 적이 있었을까?
그때는 힘들었지만 지나고 나니 남은 깨달음이 있는지 떠올려 보자.

💬 내가 겪은 슬픔이 누군가에게 위로가 될 수 있을까?
내가 지나온 감정이 언젠가 다른 사람에게 힘이 될 수 있을지 생각해 보자.

3장

사회

"아름다움은 타인의 기준이 아니라,
주체적으로 살아가는 태도에서 드러난다."

시몬 드 보부아르(Simone de Beauvoir)

1

착하게 살면
바보 되는 걸까?

…

금식 줄 서는데 뒤에 있던 애가 급한 일이 있다며

앞에 서도 되냐고 물었다. 우물쭈물하다 비켜 줬더니,

그 애 뒤로 또 한 명이 멋대로 끼어들었다.

등 뒤로 다른 애들의 눈총이 따갑게 박혔다. '나도 억울해!'

지난번 조별 과제에서도 내가 자료 조사하고 PPT까지 다 만들었는데,

어제까지 잠수 타던 녀석이 발표는 자기가 하겠단다.

자기가 다 준비한 것처럼 으스대며 발표하는 꼴을 보니 속이 부글부글 끓었다.

착하게 살라고 배웠는데, 이건 그냥 호구가 된 기분이다.

고맙다 야!

착하면 바보 되는 기분

도와줬는데 뒤통수 맞은 기분. 양보했더니 내가 손해 본 느낌. 정직하게 말했는데, 혼자만 바보 된 것 같은 순간. 문득 이런 생각이 들어. "착하게 살아서 뭐 해? 결국 손해잖아." "세상은 뻔뻔한 사람이 이기잖아." 그럴 때, 고대 중국의 철학자 공자는 조용히 이렇게 답해 줘.

"착함은 약함이 아니다. 그것은 삶의 중심이다."

공자는 착하게 사는 게 단순히 참고 양보하는 게 아니라, 자신만의 원칙과 중심을 가지고 살아가는 거라고 했어. 진짜 착함은 오히려 강한 마음에서 나온다는 거지.

공자는 왜 '인(仁)'을 말했을까?

공자는 혼란스러운 시대 속에서 '사람답게 사는 법'을 고민했어.

"인은 사람을 사람답게 만든다."

여기서 말하는 '인'은 단순히 겉으로만 착한 게 아니라, 타인을 배려하고 스스로를 다스리는 깊은 인격이야. 공자에게 좋은 사람은 자기 말에 책임을 지고, 타인의 처지를 공감하며, 원칙을 잃지 않는 사람이야. 조별 과제에서 서로에게 할 일을 미룰 때, "같이 해야 공평해."라고 말할 줄 아는 사람, 그런 사람의 태도가 공자가 말한 '인'에 가까워.

착함은 참는 게 아니라, 선택하는 용기

공자는 혼란과 불평등이 극심했던 시대에, 오직 사람의 마음과 태도에 집중했어. 지금처럼 빠르고 복잡한 세상에서도 우리가 중심을 잃지 않으려면 여전히 그의 메시지가 필요하지.

그가 말한 '인'은 단순한 착함이나 온순함이 아니야. 내가 나를 다스리는 힘이고, 타인에게 따뜻함을 건네는 선택이야.

그리고 그는 '예(禮)'를 통해 삶의 태도를 가르쳤어. 겉모습만 꾸미라는 게 아니라, 어떻게 말하고, 어떻게 듣고, 어떻게 함께 살아갈지를 연습하라는 뜻이었지. "화났을 때 바로 말하지 말고 한 번 더 생각해 봐." "상대방이 말할 때는 끝까지 들어 줘." "약속은 반드시 지켜." 이런 작은 실천들이 모여서 '인'이 되는 거라고 봤어.

착하게 산다는 건, 중심을 지킨다는 것

우리는 종종 착하게 살면 손해를 본다고 느껴. 정직하게 말했더니 미움받고, 친절하게 행동했더니 만만하게 보이고. 그래서 누군가는 바보같이 왜 그러고 사냐고 말할지도 몰라.

하지만 공자는 그런 세상에서도 '인'을 잃지 않는 사람이 진짜 강한 사람이라고 믿었어. 진정한 '인'을 가진 사람은 "그건 아닌 것 같아."라고 말할 줄 알고, 스스로를 위해 거절할 줄 아는 사람이지.

공자가 말한 '중용'은 지나치지도, 부족하지도 않게 나와 타인 사이에서 균형 있게 반응하는 삶의 기술이야. 그 조화 속에서 흔들리지 않는 사람으로 자라고, 관계에서도 진짜 존중을 만들어 갈 수 있어.

"진실한 마음으로 행동하면,

비록 그 길이 멀더라도 반드시 도달한다."

때로는 느리고 외로운 길일 수 있어. 하지만 그 길은 결국 너를 배신하지 않아. 손해처럼 보여도, 너답게 살아온 시간이 너의 가장 든든한 증거가 되어 줄 거야.

진짜 착함이란

공자의 철학을 들여다보면, '착함'과 '약함'은 전혀 다른 개념이라는 걸 알게 돼. 진정한 착함은 그냥 무조건 참는 것이 아니야. 양보할 때와 단호해야 할 때를 구분할 줄 아는 사람이지. 급식 줄에서 한 명에게 양보했는데 여러 명이 끼어들었다면, "여러 명은 곤란해. 그냥 줄 서는 게 어때?"라고 말하는 것도 '인'의 실천일 수 있어.

또 하나 기억하면 좋을 것은 모든 상황에서 '착하게' 행동할 필요는 없다는 거야. 조별 과제에서 불공정한 상황이 있었다면, 그것을 적절하게 이야기하는 것도 중요해. 그건 '고자질'이 아니라, 공정함을 지키는 용기야.

공자가 말한 '인'은 단순히 남에게 잘 보이기 위한 행동이 아니라, 내면의 원칙을 지키는 삶이야. 때로는 그 원칙을 지키기 위해 불편한 대화를 해야 할 때도 있고, 단호하게 거절해야 할 때도 있어. 그렇게 한 걸음씩 나아가다 보면, 착하게 살면서도 손해 보지 않는 지혜를 키울 수 있을 거야.

착하게 사는 삶은 빠른 길이 아닐 수 있습니다. 때로는 돌아가야 하고, 손해를 보기도 하며, 오해를 받을 때도 있지요. 하지만 그런 삶은 결국 나를 지켜 줍니다. 남들에게 보여 주기 위한 내가 아니라, 스스로 믿을 수 있는 내가 남게 되지요.

'인'은 연약한 마음이 아니라, 가장 용기 있는 선택입니다. 자기 자신을 존중하고, 타인과 조화롭게 살아가는 방법이지요. 진정한 '인'은 흔들리면서도 스스로를 잃지 않는 것입니다. 지금 우리는 이미 그 길 위에 서 있습니다.

💬 내가 지키고 싶은 원칙은 무엇일까?
내가 중요하게 생각하는 가치는 무엇이고, 그걸 지키기 위해 어떤 선택을 해 왔을까?

💬 누군가와 갈등할 때, 나는 어떤 선택을 하고 있을까?
그 선택은 나를 지키는 방향이었는지, 아니면 상대를 우선한 결정이었는지 돌아보자.

2

'빨리빨리'의 세상이
버거워

...

요즘엔 뭐든지 빨리빨리 해내야 하는 세상이다.

인강도 2배속, 유튜브도 2배속으로 보다 보니까,

내 인생도 스킵스킵 하며 지나가는 느낌이 든다.

스톱워치 켜 놓고 문제를 풀면 오줌도 참게 된다.

내 몸이 배배 꼬였는지, 민서가 옆에 와서 스톱워치를 눌러 멈춰 줬다.

"야, 방광 고문 그만 시켜. 쉬어 가면서 해." 그런 민서의 여유가 부럽다.

나도 시간에 쫓기는 게 아니라 시간을 이끌어 가고 싶다.

달릴 땐 달리고, 멈출 땐 멈추고,

돌아갈 땐 돌아갈 수 있는 그런 여유와 믿음을 갖고 싶다.

스킵 스킵!
빨리빨리
빨리 끝내야해.
2x
쉬어 가면서 좀 해~
STOP
헉헉 …
나도 그러고 싶다…

너무 바빠서 숨 쉴 틈이 없어

알람 소리에 벌떡 깨서 허둥지둥 준비하고, 1교시부터 7교시까지 내리 수업 듣고 나면 곧바로 학원으로 이동, 학원이 끝나기도 전에 독서실 갈 시간을 계산하며 또 서두르는 하루. 언제부터 이렇게 살게 됐을까?

자, 여기 지훈이와 민서가 있어. 너무 무리한 나머지 결국 번아웃이 와서 아무것도 하기 싫어진 지훈이와 자기 페이스를 지키면서도 꾸준히 해 나가는 민서.

차이가 뭘까? 지훈이는 문제를 풀다 막혔을 때 억지로 붙잡고 늘어지다 지쳐 버리는 반면, 민서는 이렇게 말해. "나? 그냥 막히면 좀 쉬고, 머리 식으면 다시 해." 무리하지 않으니 쉽게 지치지 않고, 자기 리듬으로 오래갈 수 있는 거야.

고대 중국의 철학자 노자가 바로 그런 삶을 말했어. 억지로 밀어붙이지 말고, 자연스러운 흐름을 따르라고.

"밀어붙이지 않고 흐름을 따를 때

오히려 더 큰 힘이 생긴다."

노자는 왜 '물처럼' 살라고 했을까?

노자는 『도덕경』에서 이렇게 말해. 물을 잘 관찰해 보면 알 수 있어. 물은 절대 억지로 밀어붙이지 않아. 바위를 만나면 돌아가고, 낮은 곳을 향해 조용히 흐르지. 하지만 결국에는 바다에 도달해. 그 과정에서 바위를 깎고 협곡을 만들기도 해.

민서는 밤샘 공부를 하지 않아. 대신 매일 조금씩, 꾸준히 해. 막히는 과목이 있으면 억지로 붙잡고 있지 않고, 잠시 내려 뒀다가 나중에 다시 돌아와. 그런데도 성적은 늘 상위권이야.

노자가 말한 '도(道)'는 바로 이런 거야. 자연스러운 흐름을 따르는 것. 억지로 밀지 않고, 멈출 땐 멈추고, 돌아갈 땐 돌아가는 것.

쉼과 무기력은 다르다

노자가 강조했던 '무위자연(자연스럽게 살아가는 것)'과 무기력함은 전혀 다른 거야. 무기력은 지쳐서 아무것도 할 수 없는 상태지만, 무위자연은 내 페이스에 맞게 살아가는 거지. 앞에서 말한 지훈이와 민서의 차이가 바로 이거야. 지훈이의 번아웃은 무기력이고, 민서의 자기 관리는 무위자연이지. 민서처럼 피곤할 때는 쉬고, 집중이 안 될 때는 산책을 하고, 스트레스받을 때는 좋아하는 음악을 듣는 거야. 이런 게 바로 자연스러운 흐름을 따르는 삶이야.

"쉼은 포기가 아니다. 쉼은 다음 흐름을 위한 준비다."

쉼은 멈춤이 아니라, 다음을 위한 준비야. 무기력은 끊김이지만, 쉼은 흐름 속의 한 단계지.

흐름을 지킨다는 것

요즘은 다들 뭔가 빨리 성과를 내야 한다고 느껴. 하루 계획을 시간 단위로 짜고, 성적과 진로에 대한 불안감에 쫓겨 살아. 하지만 정말 그래야만 할까?

중요한 건 자신만의 루틴을 지키는 거야. 컨디션이 안 좋으면 과감히 멈추고, 여유가 있을 땐 조금 더 달려. 누가 뭐라 해도 자기 페이스를 놓치지 않는 거지. 이런 삶을 살다 보면 오히려 더 꾸준하고 흔들림이 없게 돼. 빠르진 않아도 길게 가는 거야. 이게 바로 노자가 말한 삶의 방식이야.

"고요함을 지키면 천하가 저절로 안정된다."

물은 항상 흐르기만 하는 게 아니야. 때로는 호수가 되어 고요히 머물러 있기도 해. 그 고요함 속에서 물은 자신을 정화하고, 주변을 비춰 주지. 우리도 마찬가지야. 계속 움직이기만 해서는 지쳐. 가끔은 멈춰서 자신을 돌아보는 시간이 필요해.

제일 좋은 아이디어는 언제 떠오를까? 바쁘게 공부할 때가 아니라, 샤워하거나 산책할 때처럼 마음이 고요해질 때일 수도 있어. 스케줄을 빽빽하게 채우는 게 능사는 아니야. 비워진 시간 속에서 오히려 내가 자라나기도 해.

나만의 흐름 찾기

물처럼 산다는 건 어떤 걸까? 몇 가지 구체적인 방법들이 있어.

○ **흐름을 방해받을 때**: 집중하려고 하는데 작은 소리나 머릿속 잡생각 때문에 흐름이 끊길 때가 있어. 그럴 땐 잠시 멈춰서 정리하고, 집중이 잡히면 다시 이어 가. 물이 잠깐 흔들려도 금방 잔잔해지는 것처럼.

○ **에너지가 넘칠 때**: 컨디션이 좋을 때는 평소보다 많이 해도 괜찮아. 물이 경사가 급할 때 빨라지는 것처럼.

○ **피곤할 때**: 억지로 버티지 말고 충분히 쉬어. 물이 평지에서 천천히 흐르는 것처럼.

○ **막다른 길을 만났을 때**: 수학 문제가 안 풀린다면 억지로 붙잡고 있지 말고, 다른 과목을 먼저 공부한 후 나중에 다시 돌아와. 물이 바위를 만나면 돌아가는 것처럼.

가장 중요한 건 자신의 몸과 마음의 신호를 듣는 거야. 피곤하면 쉬고, 집중이 안 되면 환기를 하고, 스트레스를 받으면 좋아하는 일을 해. 억지로 하는 것보다 자연스럽게 하는 게 더 오래가. 꾸준함은 흐름 속에서 나와. 물은 바위보다 부드럽지만 결국 바위를 깎아 내는 것처럼 말이야.

당신의 인생은 강물과 같습니다. 강물은 서두르지 않지만, 결국 바다에 도달합니다. 때로는 빠르게 흐르고, 때로는 천천히 흐르고, 때로는 잠시 머물러 있기도 하지요.

자연은 결코 서두르지 않지만 모든 것을 이루듯이, 당신 역시 무리하지 않아도 괜찮습니다. 자연스러운 흐름이 결국 가장 멀리 데려다줄 것입니다.

번아웃은 흐름을 거스르려 할 때 찾아옵니다. 남들의 속도에 맞추려다 자신의 리듬을 잃었을 때 생기는 결과입니다. 이제 자신만의 흐름을 찾아보세요. 피곤할 때는 쉬고, 집중이 잘 될 때는 힘껏 몰입하고, 막힐 때는 잠시 돌아가도 괜찮습니다. 그것이 바로 물처럼 사는 법입니다.

💬 지금 나를 막고 있는 '바위'는 무엇일까?

무리하게 붙잡고 있는 일, 부담스러운 비교, 끝없이 쫓기는 일정처럼 내 흐름을 막고 있는 건 뭘까?

3

과연, 돈이 전부일까?

…

용돈 쥐어짜고 당근에 옷이랑 굿즈까지 팔아서

드디어 에어팟 맥스를 샀다. 감성 사진 한 컷 뽑아 보려 했는데….

벽지 색은 누렇게 바랬고, 초딩 때부터 쓰던 책상은 흠집투성이에,

사진 모서리엔 후줄근한 이불까지 걸려 있다. 김이 확 샜다.

쓸쓸하게 인스타 피드를 넘기는데,

지은이의 엘리베이터 셀카가 올라왔다.

무심하게 꽂은 줄 이어폰, 그리고 거울 속 고급 아파트 로고….

내 방에선 에어팟 맥스도 빛을 잃는데,

고급 아파트에선 줄 이어폰도 힙이 되는구나. 현타 제대로 맞았다.

뭐니 뭐니 해도 돈이 최고?

SNS에는 에어팟 맥스, 조던 운동화, 최신 게이밍 기어 사진이 넘쳐. 월급에 따라 200충 300충이란 단어로 급을 나누고, 어른들은 입에 침이 마르도록 이렇게 말해. "뭐니 뭐니 해도 돈이 최고지." 이럴 때, 문득 내 마음속에서 이런 질문이 올라와. "내가 원하는 건 돈일까? 아니면, 돈이 없으면 불안해서 그런 걸까?"

19세기 미국의 사상가 소로는 이런 질문에 대해 아주 특별한 답을 준 사람이야. 그는 실제로 월든 호수 옆 작은 오두막에서 2년 2개월을 살면서, 정말 최소한의 돈으로도 행복할 수 있는지 직접 실험해 봤어. 소로는 이렇게 깨달았어.

> "대부분의 사치품과 소위 말하는 생활의 편의는
> 사람이 성장하는 데 꼭 필요하지 않을 뿐 아니라
> 오히려 방해가 된다."

그는 우리가 돈에 대한 욕망 뒤에 숨어 있는 진짜 마음을 찾아야 한다고 믿었어. 그리고 그 마음을 알게 되면, 진정한 자유는 더 많이 소유하는 데서 오는 게 아니라 진짜 필요한 것만 가지는 데서 온다는 걸 깨닫게 된다고 말했지.

소로가 월든에서 발견한 것

소로는 『월든』에서 호수 근처에 오두막을 짓고 살았던 자신의 경험을 기록했어. 채소를 기르고, 책을 읽고, 자연을 관찰하며 보낸 시간들이었지.

"나는 단순한 삶을 위해 숲으로 갔다.
오직 삶의 본질적인 사실들과 마주하기 위해서였다."

처음엔 친구들이 그를 이상하게 봤어. "왜 멀쩡한 집을 두고 저런 데서 살아?" "돈도 못 벌고 뭐 하는 거야?" 하지만 소로는 점점 깨달았어. 사람들이 '꼭 필요하다'라고 생각하는 것들의 대부분이 사실은 그렇지 않다는 걸.

매일 아침 호수에서 목욕하고, 숲을 산책하고, 책을 읽는 삶. 그곳엔 돈으로는 살 수 없는 풍요로움이 있었어. 새벽안개가 호수를 덮는 모습, 다람쥐가 뛰어노는 소리, 혼자만의 고요한 시간. 이런 것들이 어떤 명품이나 고급차, 최고급 저택보다도 더 소중하게 느껴졌다고 해. 소로는 세상을 떠난 게 아니라, 세상을 더 깊이 이해하려고 잠시 멈춘 것이었어.

우리는 왜 끊임없이 더 원하게 될까?

소로는 사람들이 왜 자꾸만 더 많은 걸 원하게 되는지 관찰했어. 생각해 봐. 네가 정말 에어팟 맥스가 필요해서 갖고 싶은 걸까? 아니면 친구들이 가지고 있으니까, 유튜버가 쓰는 걸 봤으니까 갖고 싶은 걸까? 새 걸 사도 잠깐 기쁘다가 금세 또 다른 게 갖고 싶어지는 끝없는 사이클. 소유가 주는 만족은 짧고, 우리는 밑 빠진 독처럼 아무리 채워도 금세 허전함을 느껴. 소로는 이런 상태를 '조용한 절망'이라고 불렀어.

소로는 이런 무한 욕구에서 벗어나야 진정한 자유를 얻을 수 있다고 믿었어.

진짜 필요한 것과 원하는 것의 구별

소로는 월든에서 생활하면서 인간에게 진짜 필요한 것이 얼마나 적은지 깨달았어.

"음식, 잠자리, 의복, 연료.
이 네 가지만 있으면 인간은 살 수 있다."

그 외의 모든 것들은 '원하는 것'이지 '필요한 것'이 아니라는 거야. 물론 이게 모든 걸 포기하고 숲으로 가라는 뜻은 아니야. 중요한 건 구별할 줄 아는 지혜를 갖는 거지.

예를 들어, 스마트폰은 필요한 거야. 하지만 매년 최신 모델로 바꿔야 하는 건 원하는 거야. 운동화는 필요하지만, 조던 시리즈를 다 사는 건 욕심이고. 이어폰은 필요하지만, 반드시 에어팟 맥스일 필요는 없어. 소로는 이렇게 조언해.

"무엇을 소유할지 결정하기 전에,
그것이 나를 소유하지 않을지 먼저 생각해 볼 것."

내가 물건을 가지는 건지, 물건이 나를 가지는 건지 구별하는

거야. 조던 운동화 하나 때문에 몇 달 동안 아르바이트를 해야 한
다면, 그건 내가 그 신발에게 소유당하고 있는 거 아닐까? 게이
밍 장비를 사려고 용돈을 몇 달째 모으고 있다면, 그 장비가 나
를 조종하고 있는 건 아닐까? 돈을 많이 벌기 위해 모든 시간을
바친다면, 우리는 결국 가장 중요한 자산인 '시간'의 주인도 되지
못할 수 있어.

단순함 속에서 찾는 진짜 풍요

"나는 가진 것이 적을수록 더 자유로워졌다."

소로는 물질적 단순함이 정신적 풍요로움을 가져다준다고 믿
었어. 월든에서의 삶은 가난한 게 아니라 선택적 단순함이었거든.
그래서 그는 진짜 중요한 것들에 집중할 수 있었지. 책 읽기, 글
쓰기, 자연 관찰, 깊은 사색. 이런 것들은 돈으로 살 수 없는 진짜
경험과 가치였어.

우리도 비슷한 경험을 해 볼 수 있어. 하루 종일 온라인 쇼핑몰
에서 보낸 시간과 공원에서 산책한 시간, 어느 쪽이 더 마음이 풍

요로워질까? SNS에서 남의 명품을 부러워하며 보낸 시간과 좋아하는 책을 읽은 시간, 어느 쪽이 더 나를 성장시킬까?

소로는 이런 작은 실험들을 통해 진정한 만족을 찾을 수 있다고 말했어. 돈을 많이 써야만 행복한 게 아니라, 진짜 소중한 것들을 알아보는 눈을 기르는 거야.

진짜 만족은 어디서 올까?

소로의 월든 생활이 우리에게 주는 가장 큰 교훈은 뭘까? 그건 바로 덜 가질수록 더 자유로워질 수 있다는 거야.

요즘 우리는 너무 많은 선택지에 둘러싸여 있어. 옷장엔 입을 옷이 없다고 하면서 옷은 가득하고, 심심하다고 하면서 스마트폰엔 수백 개의 앱이 깔려 있지. 게임은 종류별로 깔아 놨는데 할 게 없다고 하고, 스포티파이나 애플 뮤직엔 수천 곡이 있는데 들을 게 없다고 해. 소로라면 이런 상황을 어떻게 봤을까?

"많은 것을 가진 사람이 부자가 아니라,

적은 것으로도 만족할 수 있는 사람이 진짜 부자다."

소로는 실제로 최소한의 돈으로 살면서도 가장 풍요로운 시간을 보냈어. 그는 하루에 몇 시간만 일하고, 나머지 시간은 자신이 정말 좋아하는 일들에 썼지. 독서, 글쓰기, 산책, 명상. 이런 것들은 돈이 많이 들지 않지만 마음을 가장 풍요롭게 만들어 주는 활동들이야.

재미있게도 스티브 잡스도 비슷한 철학을 가지고 있었어. 그는 뛰어난 혁신가이지만 거실에는 이사무 노구치라는 조각가의 동그란 전등 하나만 덩그러니 있었다고 해. 침대, 소파, 옷장 같은 건 전혀 없이 말이야. 정말 필요한 것만 남기고 모든 걸 단순하게 만들었지. 복잡한 게 많으면 진짜 중요한 것에 집중할 수 없다고 믿었거든.

우리도 작은 실험부터 시작해 볼 수 있어. 한 달 동안 꼭 필요하지 않은 건 사지 않기, SNS에서 쇼핑 관련 계정 언팔로우하기, 산책하며 시간 보내기. 유튜브에서 언박싱 영상 대신 책 리뷰 영상 보기, 온라인 쇼핑 앱 삭제하고 도서관 앱 깔기. 이런 작은 변화들이 생각보다 큰 자유를 가져다줄 수 있어.

소로의 말처럼, 우리가 추구해야 할 건 더 많은 소유가 아니라 더 깊은 만족이야. 그리고 그 만족은 대부분 돈으로 살 수 없는 것들에서 온다는 걸 기억해.

돈은 우리가 더 자유롭고 의미 있는 삶을 살아가기 위한 도구입니다. 하지만 그 도구가 목적이 되어서는 안 되지요. 진정한 부는 더 많이 가지는 것이 아니라 진짜 필요한 것을 아는 데 있습니다. 당신이 진정으로 원하는 것이 무엇인지 먼저 질문해 보세요.

물질적 풍요가 항상 정신적 풍요를 의미하지는 않습니다. 때로는 단순함 속에서 더 깊은 만족과 자유를 찾을 수 있습니다. 무엇을 소유할지 결정하기 전에 그것이 당신을 소유하지 않을지 생각해 보세요.

당신의 삶은 소유물의 목록이 아니라 경험과 성장의 이야기입니다. 진짜 풍요로운 삶을 위해 필요한 게 무엇인지, 오늘부터 천천히 헤아려 보세요.

잠깐, 너는 어떻게 생각해?

💬 내가 가진 것들 중에서 나를 '소유'하고 있는 건 무엇일까?

좋아서 산 줄 알았는데, 사실은 그 물건이 나를 조종하고 있는 건 아닐까?

4

SNS 속 나 vs 현실 속 나

...

오늘 인스타에 올린 사진, 반응 장난 아니었다.

친구의 친구들한테까지 팔로잉이 들어왔다.

립 제품 뭐냐, 액세서리 어디 거냐 물어보는 댓글도 달렸다.

필터 씌운 거라고 말할 수도 없고 어쩌지? 고민하는 사이,

핸드폰 화면이 어두워졌다. 그리고 그 화면에 비친 노필터의 내 얼굴.

기름진 앞머리에 울긋불긋 올라온 피부 트러블, 밋밋한 눈과 코.

입가에 묻은 이건 뭐야, 팝콘 부스러기잖아?

화면 속의 나와 화면 밖의 내가 이렇게 달라도 되는 걸까?

어떤 게 진짜 내 모습인지 이제 나도 헷갈린다.

팔로하고 가요~
립 뭐야?
아이돌 아님?
동일 인물

내가 만든 '가짜의 나'

매일 스마트폰을 켜면서 시작되는 일이야. "오늘은 뭘 올려야 반응이 좋을까?" "이 각도가 나을까, 저 각도가 나을까?" 어느새 우리는 SNS용 '나'를 따로 만들고 있어. 프랑스 철학자 보드리야르는 이런 현상을 예리하게 파악했던 사람이야.

"현실과 가상의 경계가 사라진 세상에서,
우리는 무엇이 진짜인지 헷갈리게 된다."

보드리야르가 주목한 건 우리가 '가상의 나'를 위해 '실제의 나'를 꾸며 내기 시작한다는 거야.

보이는 것이 전부가 되는 세상 '시뮬라시옹'

보드리야르는 현대 사회를 '기호(이미지)'가 지배하는 세상이라 보았어. 그는 『시뮬라크르와 시뮬라시옹』에서 이렇게 설명했어.

"단순히 흉내 내거나 복제하는 게 아니고,
이미지가 현실을 대신해 버린다."

SNS는 대표적인 시뮬라시옹 공간이야. 우리는 실제의 '나'보다, '좋아요'를 많이 받을 수 있는 '나'를 만들어 내. 그 결과, 진짜 나와 가짜 나의 경계가 흐려지고, 어느 순간 '가짜 나'를 위해 '진짜 나'를 조정하게 돼.

생각해 봐. 네가 처음 SNS를 시작했을 때와 지금을 비교해 보면 어때? 예전엔 그냥 친구들과 소통하려고 했는데, 지금은 "이거 올려도 될까?" "반응이 별로면 어쩌지?" 같은 생각부터 하게 되지 않아?

이게 바로 보드리야르가 경고한 현상이야. 가상의 이미지가 점점 더 중요해지고, 진짜 현실은 뒷전이 되는 거지. 심지어 우리는 그 가상의 이미지를 더 진짜 같다고 느끼기까지 해.

'좋아요'에 흔들리는 자존감

보드리야르는 현대 사회를 '기호의 소비 사회'라고 불렀어. 우리가 물건 자체가 아니라 그것의 상징적 의미를 소비한다는 뜻이야. SNS에서 '좋아요'는 돈이고, 팔로워는 권력이고, 댓글은 인정이야. 이런 디지털 보상으로 우리는 자존감을 거래해.

팔로워 천 명 넘으면 인기 있는 거 같고, 좋아요 백 개 넘으면 성공적인 포스팅 같아. 하지만 이건 실제 인간관계나 진짜 성취와는 전혀 다른 영역의 게임이야. 가상의 점수로 실제 자아를 평가하게 되는 순간, 우리는 혼란에 빠져.

더 무서운 건, 이 게임에 중독되면 진짜 현실이 시시해 보인다는 거야. 친구와 조용히 수다 떠는 시간보다 인스타 스토리에 올릴 만한 특별한 순간을 찾게 되고, 평범한 일상은 가치 없는 것처럼 느껴져.

진짜인 줄 알았던 가짜, '하이퍼리얼리티'의 함정

보드리야르가 말한 '하이퍼리얼리티'는 가상의 이미지가 현실보다 더 현실적으로 느껴지는 상태야. SNS 피드가 바로 그래. 모든 사람의 완벽한 순간만 모아 놓은 공간에서, 우리는 그게 일반적인 일상이라고 착각하게 돼. "다들 매일 이렇게 재밌게 사나?" "나만 심심하게 사는 건가?"

실제론 아무도 24시간 내내 인스타그램 같은 삶을 살지 않아. 하지만 SNS 속 하이퍼리얼리티에 익숙해지면, 평범한 일상이 오히려 이상하게 느껴져.

예를 들어, 친구가 매일 카페에서 예쁜 라테 사진을 올린다고 해서 그 친구가 정말 매일 카페만 다니는 건 아니잖아. 하지만 우리는 그 이미지를 보고 "쟤는 참 여유롭게 사네."라고 생각하게 돼. 이게 바로 하이퍼리얼리티의 함정이야.

나를 되찾는 작은 실험

보드리야르는 이런 가상 세계에서 벗어나는 방법으로 '비판적 거리 두기'를 제안했어. SNS를 완전히 끊으라는 게 아니라, 그것이 만들어 내는 환상을 객관적으로 바라보는 능력을 기르자는 거야. 하루 중 스마트폰 없는 시간 만들기, SNS에 게시물을 올리기 전에 "이게 정말 나다운 내용인가?" 물어보기, 오프라인에서의 관계와 경험에 더 집중하기처럼 말이야.

가상과 현실을 구분할 줄 아는 능력이야말로 이 시대를 살아가는 핵심 역량이야. 특히 디지털 네이티브 세대인 청소년에게는 더욱 중요한 능력이지.

간단한 실험을 해 봐. 하루 동안 SNS를 보지 않고 지내보는 거야. 처음엔 불안하고 뭔가 놓치는 기분이 들겠지만, 점점 내 주변의 진짜 현실이 더 선명하게 보이기 시작할 거야.

가상을 넘어선 진짜 소통

가끔은 카메라 없는 순간들의 소중함을 느껴 봐. 친구랑 웃으며 떠든 시간, 혼자 조용히 책을 읽던 오후, 가족과 함께한 평범한 저녁. 포스팅할 건 없지만, 진짜 나를 기쁘게 해 주는 건 이런 순간들이야.

보드리야르는 우리에게 경고했어. '보여 주기 위한 삶'에만 몰두하다 보면, '살기 위한 삶'을 잃을 수 있다고. 하지만 방법은 있어. 진짜 하고 싶은 말이 있을 때만 포스팅하기, 좋아요 숫자에 휘둘리지 않기, 다른 사람의 피드를 볼 때는 "편집된 장면일 뿐이야." 하고 한 걸음 떨어져 보기. 그리고 무엇보다 하루 중 잠깐이라도 스마트폰을 내려 두는 연습을 해 보는 거야.

결국 SNS의 가치는 '보이는 이미지'가 아니라 '진짜 마음을 나누는 소통'에 있어. 멋진 사진 하나보다, "오늘 좀 힘들었어."라는 고백이 더 진실될 수 있어. 친구의 완벽한 피드가 부럽게 느껴질 때, "저 친구도 나처럼 여러 감정을 겪고 있겠지." 하고 편안하게 생각해 봐. 그러면 비교가 줄고 관계도 더 자연스러워져. 디지털 도구를 현명하게 활용해서 더 깊은 인간관계를 만들어 가는 거, 그게 진짜 소셜 네트워킹이지.

SNS는 도구입니다. 연결을 위한 수단이지, 정체성을 규정하는 기준이 아닙니다. 당신이 올리는 모든 게시물이 완벽할 필요는 없습니다. '좋아요'가 적다고 해서 당신의 가치가 떨어지는 것도 아니지요.

진정한 소통은 화면 너머에 있습니다. 디지털 정체성과 실제 정체성 사이의 균형을 찾을 때, 당신은 더 자유롭고 진실된 관계를 경험할 수 있을 것입니다.

물론, SNS 속 완벽한 모습이 당신의 일부일 수 있습니다. 하지만 그것이 전부는 아닙니다. 진짜 당신은 필터 없는 모습, '좋아요' 없는 순간, 누구에게도 보여 주지 않는 시간 속에서도 존재합니다. 당신이 진짜 당신으로 살 때, 비로소 가상의 지배에서 벗어날 수 있습니다.

💬 SNS 없이 하루를 보낸다면, 나는 어떤 시간을 더 누리게 될까? 놓치고 있던 소중한 순간들을 떠올려 보자.

5

내 얼굴이 싫어

...

"너 이거 진짜 잘 나옴. 프사 바꿔!"

친구가 카페에서 찍은 셀카를 카톡으로 보내 줬다.

기대하고 눌렀는데 너무 구리다ㅠㅠ 이게 잘 나온 거라고?

그럼 실물은 이거보다 훨씬 못났다는 거잖아?

속상해져서 거울을 들여다봤다.

눈 밑 다크서클, 울퉁불퉁한 턱 라인, 비대칭 입꼬리까지.

오늘따라 콤플렉스가 더더욱 도드라져 보인다.

내가 16년 동안 모쏠인 것도, 그게 비밀일 만큼 성격이 소심한 것도

모두 외모 때문인 것 같다. 내가 좀 더 예뻤더라면

내 인생은 달라지지 않았을까?

누가 못생겼다고 하면
어떡하지 · · ·
진짜 싫어...

거울 속 내 얼굴이 너무 싫어

아침에 거울을 보면 괜히 주눅이 들어. SNS 속 다른 친구들 사진과 비교하면 더욱 그래. "왜 내 얼굴은 이렇게 생겼지?" "나도 매력적이고 싶다. 아니면 스타일이라도 개성 있었으면 좋겠어." 이런 생각이 들면 하루 종일 신경 쓰이고, 사람들과의 관계마저 불편해져. 외모가 내 존재 전체를 지배하고 있는 기분이야.

프랑스의 철학자 보부아르는 사람들이 자신을 바라볼 때조차, 자기 기준보다 타인의 시선에 더 쉽게 흔들린다는 점을 이야기했어. 특히 외모와 이미지가 사람의 전부처럼 여겨지는 현실을 그냥 지나치지 않았지.

> "우리는 다른 사람이
>
> 나를 어떻게 볼지를 먼저 생각하며,
>
> 그 시선에 나를 맞춘다."

이 말은 우리가 스스로를 바라보는 눈조차, 사실은 타인의 시선에서 시작되었을지도 모른다는 걸 의미해. 보부아르는 우리가 타인의 시선에 갇혀 진짜 자신을 잃어버리는 현상을 '타자성'이라고 불렀어.

보부아르가 말한 '타자의 시선'

보부아르는 사람들이 어떻게 남의 눈을 통해 자신을 정의하게 되는지 분석했어. 우리가 나를 볼 때도, 이미 다른 사람 시선을 머릿속에 떠올려 그 기준으로 판단한다고 설명했지.

거울을 볼 때도 마찬가지야. 내 눈으로 나를 보는 게 아니라, 친구들 눈에 어떻게 보일지, 좋아하는 사람 눈에 어떻게 보일지를 먼저 생각하게 되지.

그런데 여기서 문제가 생겨. 남의 시선으로만 나를 바라보다 보면, 진짜 내 모습이 뭔지 헷갈리기 시작해. 내가 원하는 나인지, 남들이 원하는 나인지 구분이 안 되는 거야.

보부아르는 이걸 '타자화'라고 불렀어. 타자화란 내가 주체적인 '나'가 아니라, 다른 사람의 평가를 받는 '대상'이 되어 버리는 걸 말해. 마치 물건처럼 평가받는 존재가 되는 거야. 네가 거울을 보며 예쁘지 않다고 느끼는 순간, 너는 이미 누군가의 기준으로 나를 평가하고 있는 거야.

사회가 만든 아름다움의 기준

"매력적인 게 뭔데?" 이 질문을 던져 봐. 네가 생각하는 매력적인 모습은 정말 네가 원해서 선망하게 된 걸까? 보부아르는 사회가 만든 기준들이 우리 안에 깊이 자리 잡는다고 말했어. 미디어에서 보는 모델들, SNS 속 연예인들, 이런 이미지들이 반복되면서 우리는 "이게 매력적인 모습이구나."라고 배우게 돼.

"아름다움의 기준은
자연스럽게 태어나는 것이 아니라,
사회적으로 만들어지는 것이다."

생각해 봐. 100년 전에는 통통한 체형이 아름답다고 여겨졌어. 지금은 마른 몸매가 인기지. 또 우리나라에서는 너도나도 쌍꺼풀 수술을 하지만, 서양에서는 동양인의 홑꺼풀을 매력적이라고 보는 사람들도 많아. 나라마다, 시대마다 미의 기준이 다 달라. 이게 뭘 의미할까? 지금 네가 매력이 없다고 느끼는 그 기준도, 사실은 누군가가 만들어 낸 기준일 뿐이야. 네가 태어날 때부터 가지고 있던 생각이 아니라, 살아가면서 배우게 된 편견일 수 있다는 거야.

진짜 나는 어떤 모습일까?

보부아르는 우리가 타인의 시선에서 벗어나 주체적인 존재가 되어야 한다고 강조했어.

"나는 남의 평가를 받기 위해 존재하는 게 아니라,

나만의 삶을 살아가기 위해 존재한다."

네 진짜 가치는 외모가 아니라, 네가 어떤 생각을 하고, 어떤 감정을 느끼고, 어떤 꿈을 꾸는지에 있어. 네가 친구를 도울 때의 따뜻함, 새로운 것을 배울 때의 호기심, 힘들 때도 포기하지 않는 용기. 이런 것들이 진짜 너를 만드는 요소들이야.

거울 앞에서 '내 얼굴 너무 별로야.'라고 생각하는 대신, "나는 어떤 사람이지?"라고 물어봐. 외모를 넘어서 너라는 존재의 전체를 바라보는 거야. 너는 남의 시선 속에서 살고 싶니, 아니면 너만의 기준으로 살고 싶니?

주체적으로 살아간다는 것

보부아르는 '주체성'을 강조했어. 이건 남이 정해 놓은 기준에 맞추려 하지 않고, 스스로 가치를 정하며 살아가는 태도야. 외모에 대해서도 마찬가지야. 남들이 아름답다고 하는 모습이 되려고 애쓰는 게 아니라, 내가 편안하고 자신 있게 느끼는 모습을 찾는 거야. 처음엔 어려울 수 있어. 오랫동안 남의 시선을 신경 쓰며 살아왔으니까. 하지만 조금씩 연습해 볼 수 있어.

아침에 세수하고 나서 "다른 사람이 어떻게 볼까?" 대신 "나는 지금 어떤 기분이지?"를 물어보기. 옷을 입을 때도 "이게 멋있어 보일까?" 대신 "이 옷을 입으면 편안한가?"를 생각해 보기.

"아름다움은 타인의 기준이 아니라,

주체적으로 살아가는 태도에서 드러난다."

보부아르는 외모를 꾸미는 것 자체를 나쁘다고 하지 않았어. 다만 그것이 남을 위한 것인지, 나를 위한 것인지를 구분하라고 했지.

예를 들어, 친구 생일 파티에 내가 좋아하는 옷을 입고 가는 건 자기표현이야. 하지만 SNS에 올리기 위해 화장을 진하게 하거나, 지난 피드의 옷과 겹치지 않는 옷을 고르는 건 남을 위한 꾸밈이 될 수 있어. 내가 좋아서, 내가 즐거워서 하는 꾸밈은 자기표현이야. 하지만 남의 인정을 받기 위해서만 하는 꾸밈은 나를 제한하는 틀이 될 수 있어.

결국 주체적인 아름다움은 남의 시선보다 나랑 잘 지내는 거야. 거울 속 내 모습을 있는 그대로 받아들이고, 내가 편안하고 자신 있게 느끼는 모습을 찾아가는 과정이 진짜 나를 단단하게 만들어. 그 길은 때로 느리고 외로울 수 있어도, 남의 기준에서 벗어나 스스로를 사랑할 때 비로소 주체적인 아름다움에 닿게 돼.

외모는 중요할 수 있습니다. 하지만 외모가 당신의 모든 것을 결정하지는 않습니다. 당신의 존재는 남의 시선으로 측정될 수 없어요. 당신은 타인의 평가를 받기 위해 태어난 존재가 아닙니다. 당신만의 삶을 살아가기 위해 태어난 주체적인 존재예요.

타인의 시선에 갇히지 마세요. 당신이 스스로를 어떻게 바라보는지가 더 중요합니다. 당신의 생각, 감정, 꿈 그리고 다른 사람을 향한 따뜻함 이런 것들이 진짜 당신을 아름답게 만드는 요소들이에요. 자신 있게 살아갈 때, 당신은 어떤 외모보다도 더 빛날 수 있을 것입니다.

💬 나는 누구의 시선을 가장 많이 의식하고 있을까?
그 시선은 내가 중요하게 생각하는 사람일까, 아니면 다수가 따르는 기준일까?

💬 외모를 제외하고 나를 소개한다면 어떻게 말하고 싶을까?
나의 말투, 행동, 관심사, 태도 중 어떤 것들이 나를 가장 잘 보여 줄까?

💬 나는 언제 가장 자신 있고 아름답게 느껴질까?
누군가에게 예쁨을 인정받았을 때일까, 아니면 스스로 만족스러울 때일까?

6

내 삶의 의미가 뭐지?

…

오늘 수업 시간에 독립운동가 얘기를 들었다.

유관순 열사는 열여덟 살에 이미 3·1 운동을 주도했고,

윤봉길 의사는 스무세 살에 독립운동 단체에 가입했다고 한다.

독립이라는 간절한 볼씨를 가슴에 품고서….

그런데 지금 나는, 쉬는 시간에 매점에서 빵을 먹을지 핫바를 먹을지나

고민하고 있다니. 조금 한심하게 느껴진다.

나에게 간절한 볼씨 따윈 없는 걸까?

나는 무엇을 위해 살아야 할까?

삶의 의미를 찾으려 하면 할수록 내가 더 작아지는 기분이 든다.

유관순 열사는 18살에 이미..
3.1운동을 주도했고
윤봉길 의사는 23살에
독립운동 단체에 가입했다지...
그런데.. 지금 나는 뭔가!!
쉬는 시간에 매점에서 빵을 먹을지 핫바를 먹을지나 고민하고 있다니...
한심하다...
역시 핫바!!

나는 왜 태어났지?

'나는 왜 사는 걸까?' '나라는 존재는 이 세상에 무슨 의미가 있을까?' 이런 질문, 나만 하는 건 아닐 거야. 오스트리아의 정신과 의사이자 철학자였던 프랭클도 평생 이 질문을 붙들었던 사람이야.

프랭클은 삶의 의미가 어딘가에 정답처럼 숨어 있는 게 아니라, 하루를 살아 내는 방식에서 드러난다고 보았어. 그래서 그에게 "나는 왜 사는가?"라는 질문은 생각으로 끝나는 게 아니라, 선택과 행동으로 답해야 하는 것이었지.

프랭클은 이 생각을 '로고테라피'라고 불렀어. '로고'는 의미, '테라피'는 치유. 즉, 삶의 의미를 발견하는 과정 자체가 사람을 살아가게 만드는 힘이라는 뜻이야.

거창하지 않아도 괜찮아

많은 사람들이 "내 삶의 의미는 무엇일까?" 하고 거창한 답을 찾으려고 해. 하지만 프랭클은 의미는 '만들어 내는 것'이 아니라 '발견하는 것'이라고 설명해.

우리는 매일 선택을 해. 포기할지, 다시 해 볼지. 모른 척할지, 도울지. 그리고 그 선택 하나하나에 삶의 의미가 담겨 있어. 이런 선택들 속에 '나는 왜 사는가?'의 답이 숨어 있을지도 몰라.

○ 힘들어하는 친구의 말에 귀 기울였을 때

○ 포기하고 싶은 과목을 끝까지 붙들었을 때

○ 잘못된 일에 용기 내어 말했을 때

고통 속에서 삶의 의미를 찾는다고?

살다 보면 고통스러운 순간이 꼭 있어. 시험에 떨어지고, 친구에게 상처받고, 꿈이 좌절될 때. 그럴 때 "왜 나한테만 이런 일이 생기지?"라는 생각이 들지. 프랭클은 이런 순간에 니체가 남긴 한 문장을 자주 인용했어.

고통 속에서도 배울 수 있는 게 있어. 실패를 통해 더 나은 방법을 찾고, 아픔을 통해 진짜 내 마음을 알게 되기도 해. 그 고통이 의미를 가질 때, 우리는 더 단단해지는 거야.

너의 의미는 너만 알 수 있어

"나는 아직 아무것도 이루지 못했는데…."라고 느껴질 때, 프랭클은 이렇게 격려해.

"사람들에겐 저마다 주어진 역할이 있고,

그건 다른 누구도 대신할 수 없다.

네 삶은 오직 한 번뿐이다."

누구도 너의 삶을 대신 살아 줄 수 없어. 네가 한 고민, 선택, 실패, 노력. 그 모든 게 너의 의미를 만들고 있어. 삶의 의미는 특별한 순간이 아니라, 매일의 사소한 선택에 숨어 있어. 누군가에게 건넨 따뜻한 말, 하기 싫은 일을 끝까지 해낸 의지, 그 모든 게 '진짜 너'의 의미를 만들어 가는 거야.

삶의 의미는 멀리 있지 않아

지금 네가 품고 있는 고민, 너를 웃게 만드는 일들, 마음을 아프게 하는 순간들. 그 모든 것이 삶이 너에게 던진 질문이야. 밤하늘을 보며 사색에 빠진 시간, 아침에 학교에서 마주한 풍경 그리고 그 속에서 네가 내리는 선택들…. 이 모든 것에 너만의 방식으로 답할 때, 그 순간이 바로 너의 삶에 의미가 깃드는 순간이야.

살다 보면 삶이 아무 의미 없는 것처럼 느껴질 때가 있어. 하지만 어쩌면 그 순간이야말로 우리가 삶의 의미를 가장 진지하게 찾고 있는 시간일지도 몰라. SNS에는 완벽하고 빛나는 장면만 올라오지만, 실제로는 모두가 같은 고민을 안고 살아가고 있어.

"내가 여기 왜 있지?" "이 모든 게 어떤 의미가 있을까?" 이 질문에 당장 답하지 않아도 괜찮아. 조금 느려도, 조금 헤매도 괜찮아. 중요한 건 질문을 멈추지 않는 거야. 그리고 그 질문에 행동으로 답하려고 노력하는 거야.

프랭클이 말했듯, 가장 어려운 순간에도 우리에게는 어떤 태도로 살아갈지 선택할 자유가 있어. 그 질문을 품고 걸어가는 지금의 너, 이미 의미 있는 삶을 살아가고 있어.

　　삶의 의미를 찾는 일은 시험을 치르듯, 정해진 답을 좇는 것이 아닙니다. 단지, 더 고요히 내 삶에 귀를 기울이는 일이지요. 삶은 언제나 우리에게 말을 걸고 있습니다. 이제, 당신의 방식으로 대답해 보세요. 때로는 그 대답이 완벽하지 않을 수도 있고, 우리는 길을 잃을 수도 있습니다. 하지만 괜찮습니다. 그 모든 과정이 바로 당신만의 의미를 만들어 가는 여정입니다.

　　이 한 문장을 마음에 두면 좋겠습니다. "오늘이 한 번 더 얻은 하루라고 생각하며 살아가라." 다시 찾아온 하루라고 여길 때, 무엇을 소중히 하고 어떤 선택을 해야 할지가 조금 더 분명해집니다. 순간에 의미를 두고 살아갈 때, 삶 전체도 자연스럽게 의미를 갖게 되지요.

💬 오늘 하루 중 가장 의미 있다고 느꼈던 순간은 언제였어?

그냥 지나쳤던 순간을 돌이켜 보며 기쁨과 보람을 찾아봐.

💬 최근 겪은 어려움에서 어떤 의미를 발견할 수 있을까?

그때는 괴로웠지만 시간이 지나고 나니 배운 것이 있지 않았니?

💬 지금 삶이 너에게 던지고 있는 질문은 무엇일까?

기쁘거나 슬픈 순간, 마음이 흔들리는 바로 그때의 감정 속에 질문이 숨어 있어.

4장

관계

"우리에게는 각자의 성장 리듬이 있고
그것을 존중해야 한다."

장 자크 루소(Jean-Jacques Rouseau)

1

부모님 잔소리가 지겨워

· · ·

하아…. 응원봉 택배 온 거 들켰다.

엄마가 "언제까지 남 인생만 응원할래?" 쏘아붙이길래,

나도 모르게 감정적으로 맞받아쳤다.

"나는 남을 응원이라도 하지, 엄만 맨날 날 깎아내리기만 하잖아!"라고.

사실 난 엔터 쪽으로 진로 고민 중이고, 나름 자신도 있다.

마케팅 공모전에서 상까지 받았는데,

엄마한텐 도무지 이 얘기를 꺼낼 수가 없다.

내가 좋아하는 걸 어떻게 설명하면 믿어 줄까?

문 쾅 닫고 들어왔는데 마음이 편하지 않다.

"바람이 그런 거야!" 구차한 변명 그만하고 싶다.

콰앙!
언제까지
남 인생만
응원하래?

내 인생 내가 알아서 할게!

부모님은 늘 "너 잘되라고 하는 소리야."라고 말하지. 하지만 그런 말들을 들을수록 더 답답해질 때가 있어. "왜 내가 원하는 건 이해해 주지 않을까?" "왜 자꾸 날 자기들 기준에 끼워 맞추려 하지?" 반발심이 들기도 해.

이런 감정이 생기면, 오히려 내가 나쁜 사람이 된 것 같고 죄책감이 들어. 근데 이런 생각, 이상한 게 아니야. 18세기 프랑스 철학자 루소는 이런 통찰을 남겼어.

"인간은 자유롭게 태어났으나

어디서나 쇠사슬에 묶여 있다."

부모님과의 갈등도 결국, 나라는 사람이 가진 자연스러운 본성과 사회가 요구하는 틀 사이의 충돌일 수 있어.

루소가 말한 '나답게 성장하기'

"우리에게는 각자의 성장 리듬이 있고

그것을 존중해야 한다.”

부모님의 사랑은 분명 진심이야. 하지만 그 사랑이 때때로 사회의 기준과 기대를 따라 전달되기도 해. “공부를 열심히 해야 성공한다.” “좋은 대학에 가야 행복하다.” 같은 말들 말이야.

하지만 루소는 달랐어. 그는 교육의 목적이 사회가 원하는 인간을 만드는 게 아니라, 개인의 본성이 자연스럽게 피어나도록 돕는 것이라고 생각했어.

사실 부모님도 예전엔 우리와 비슷했을 거야. 어른들에게 똑같은 말을 들으며 답답해했을 거고. 그런데 시간이 지나면서 그런 말들을 당연하게 받아들이게 된 거지. 그러니 부모님을 너무 원망하지는 말자. 하지만 내 마음도 무시하지 말고.

누구의 속도에 맞춰야 할까?

루소는 ‘개인 맞춤 교육’을 주장했어. 우리는 누구나 스스로 배우고 성장할 수 있는 능력을 갖추고 있다는 거지.

생각해 봐. 네가 진짜 좋아하는 일을 할 때는 집중도 잘 되고, 시간 가는 줄 모르잖아? 그림 그리기, 악기 연주하기, 책 읽기, 요

리하기 같은 거 말이야. 그게 바로 루소가 말한 '내면에서 우러나
오는 배움'이야.

<table>
<tr><td>사회가 원하는 교육</td><td>루소가 말한 교육</td></tr>
<tr><td>이렇게 해야 성공할 수 있어</td><td>너는 어떤 사람이고,
무엇에 끌리는지부터 살펴봐.</td></tr>
<tr><td>모든 사람들이 이 길을 가고
있으니, 너도 따라.</td><td>너만의 속도로
너만의 길을 가도 괜찮아.</td></tr>
</table>

반면에 관심도 없는 과목을 억지로 외울 때는 어때? 머리에 들
어오지도 않고 괴롭기만 하지. 부모님이 말하는 '좋은 길'은 안전
할 수 있지만, 너만의 호기심과 속도를 무시하고 있진 않은지도
돌아볼 필요가 있어.

갈등은 나쁜 게 아닐지도 몰라

루소는 갈등을 무조건 나쁘다고 보지 않았어. 오히려 진짜 나
를 찾기 시작했다는 신호라고 생각했지. 부모님의 기준에 무조

건 따르는 게 오히려 더 쉬운 일일 수도 있어. 하지만 그러면 진짜 '나'는 점점 사라지게 되지.

"엄마가 시키는 대로 하면 편하긴 한데, 그게 진짜 내 모습은 아닌 것 같아." 이런 느낌, 들어 본 적 있지? 그게 바로 너의 본성이 반발하는 순간이야.

중요한 건 그 갈등 속에서 진심을 담아 표현해 보는 거야. "저는 이런 방식으로 배우고 싶어요." "이런 걸 좋아해요." 막연한 반항이 아니라, 너의 '진짜 이유'를 말해 주는 거지. 그렇게 말할 때, 부모님도 조금씩 달라질 수 있어.

자연 교육의 지혜

부모님과의 갈등은 피하기 어려운 일이야. 하지만 그 안에 배울 게 있어. 루소가 말했듯이, 인간은 본래 선한 존재고, 그 본성은 각자 다르게 피어난다는 걸 기억하자.

- ○ 부모님의 걱정을 인정하되, 내 관심과 속도도 존중받을 수 있도록 표현하기
- ○ "공부 안 하겠다는 게 아니라, 내 방식대로 해 보고 싶다."

라고 구체적으로 말하기

○ 나의 본성과 부모님의 기대 사이에서 균형을 찾으려 노력하기

○ 무엇보다 나 자신을 믿고 내 안에 이미 배울 힘과 방향이

있다는 걸 기억하기

갈등은 꼭 누가 맞고 틀려서 생기는 게 아니야. 서로 사랑하는 마음은 같지만, 표현하는 방식과 살아가는 속도가 다르기 때문에 일어나는 거지. 중요한 건, 진짜 나를 지키면서도 부모님과의 관계를 이어 갈 방법을 함께 찾아보는 거야.

갈등을 무조건 피하려고 하면 진정한 '나'는 사라지고, 그저 사회가 원하는 '모범생'만 남게 됩니다. 하지만 당신은 태어날

때부터 자신만의 감정과 생각을 지닌 건강한 존재예요. 진정한 교육은 억지로 시키는 게 아닙니다. 스스로 지닌 좋은 마음과 가능성이 자연스럽게 자라나도록 도와주는 것이지요.

부모님에게도 내가 어떻게 배우고 성장하고 싶은지 솔직하게 이야기해 보세요. 서로의 본성을 존중할 때, 갈등은 오히려 성장의 기회가 됩니다.

💬 나는 부모님과 어떤 문제로 자주 갈등을 겪고 있을까?
단순한 말다툼 뒤에 숨겨진 내 진짜 감정과 욕구는 무엇일까?

💬 "이게 내 방식이에요."라고 말해 본 적이 있어?
그렇게 말했을 때 상황은 어떻게 흘러갔어?

💬 부모님에게 내가 원하는 성장 방식을 더 잘 표현하려면 어떻게 해야 할까?
막연한 반항이 아니라, 진심을 담아 어떻게 설명할지 연습해 보자.

2

이유 없이 걔가 미워

···

나는 전교 부회장, 그 애는 회장.

회의하는데 그 애의 말투 하나하나가 거슬렸다.

축제 포스터 안건에서 그 애가 전체 공모를 제안하길래 일부러 반대했다.

"굳이 공모까지 할 필요 있나? 작년처럼 학생회에서 바로

작업하는 게 효율적일 것 같은데." 그런데 그 애의 답은 뜻밖이었다.

"그러고 보니 네 말이 더 현실적인 것 같아. 그렇게 하자."

그 순간 얼굴이 뜨거워졌다. 괜히 미워했던 마음이 부끄러워졌다.

나는 왜 그렇게까지 그 애를 의식하고 미워했을까?

이번 축제 포스터는 전체 공모로 해 보는 게 어때?
맘에 안 들어.
전교 부회장
전교 회장
굳이~? 작년처럼 학생회에서 바로 작업하는 게 낫지 않나?
그러고 보니 네 말이 더 현실적인 것 같네. 그렇게 하자♡
난 왜 그렇게까지 그 애를 의식하고 미워했을까?

친구가 너무 얄밉고 싫을 때

아무 말 안 해도 괜히 신경 쓰이고, 그 친구가 웃으면 기분 나쁘고, 말투 하나에 마음이 쿡쿡 찔릴 때가 있어. "왜 저 애가 그렇게 미울까?" "내가 이상한 걸까? 아니면 진짜 그 친구가 문제인 걸까?" 미워하는 마음도 싫고, 그런 감정이 드는 나 자신도 불편해. 하지만 그런 마음이 들었다는 건, 네 안에 뭔가 지키고 싶은 감정이 있다는 뜻이야. 17세기 영국 철학자 홉스는 고대 로마 희극 작가 플라우투스의 말을 인용해 인간의 본성을 이렇게 설명했어.

"인간은 인간에게 늑대다."

이 말의 뜻은 인간이 나쁘다는 게 아니라, 인간이 근본적으로 불안하고 연약한 존재라는 거야. 홉스가 말한 '자연 상태'는 법이나 사회 규칙이 없는 상태지. 그런 환경에서는 누구를 믿어야 할지 알 수 없기 때문에 서로를 의심하고 두려워하게 돼.

미움 뒤에는 어떤 감정이 숨어 있을까?

사실 미움은 나쁜 감정이 아니야. 그 안에는 '소외당하고 싶지 않다.' '사랑받고 싶다.'는 마음이 숨어 있어. 예를 들어, 친한 친구가 다른 친구와 더 친해진 모습을 보면 질투가 나잖아. 그건 그 친구를 싫어해서가 아니라, "나도 그렇게 사랑받고 싶다."는 마음 때문이야. 하지만 그런 마음을 솔직하게 드러내는 건 쉽지 않아. 그래서 그 감정이 '미움'이라는 방식으로 튀어나오는 거야.

홉스는 이런 감정을 숨기거나 부정하지 않았어. 오히려 인간이라면 누구나 느끼는 자연스러운 본성이라고 했지. 중요한 건 그 미움 뒤에 내가 정말 원하는 게 무엇인지 들여다보는 거야.

비교, 소외, 인정 욕구… 미움의 정체는 불안감

홉스가 강조한 건 인간의 '자기 보호 본능'이야. 누군가가 나보다 앞서거나, 내가 배제된 것처럼 느껴질 때, 우리는 자리를 지키기 위해 감정적으로 반응하게 돼. 그 반응이 때로는 분노, 때로는 질투, 때로는 미움이야. 하지만 그 밑바닥에는 이런 마음이 있어. "나는 중요하지 않은 존재일지도 몰라." "나는 선택받지 못했어." "나는 밀려나고 있어."

이 감정들이 복잡하게 얽히면, 나도 모르게 타인을 미워하게 돼. 그건 나쁜 사람이어서가 아니라, 상처받기 싫은 마음이 커서 그래. 홉스는 인간의 이런 본성을 부정하지 않았어. 오히려 그 본성을 이해할 때, 타인과의 관계도 더 성숙하게 다룰 수 있다고 본 거지.

미움을 마주하는 힘

누군가를 미워하는 마음은 참 버겁지. 처음에는 나를 지켜 주는 방패 같지만, 오래 품고 있으면 오히려 나를 찌르는 가시가 돼. 친구가 밉게 느껴질 때, 그 미움 뒤에는 대개 두려움이나 서운함이 숨어 있어.

홉스는 이런 순간에 필요한 것이 이성의 힘이라고 했어. 감정을 억누르는 것이 아니라, 잠시 멈춰서 스스로에게 묻는 거야. "내가 왜 이 사람을 미워하게 됐을까?" 이렇게 감정을 이해하면, 미움은 더 이상 나를 지배하지 못해. 오히려 관계를 돌아보고, 나를 단단하게 만드는 힘으로 바뀔 수 있어.

네가 느끼는 모든 감정은 정당하고 의미 있어. 그 감정을 있는 그대로 받아들일 때, 미움조차도 너를 더 성숙하게 만드는 힘이 될 거야.

분노는 나를 지키기 위한 본능입니다. 하지만 그 본능이 나를 휘두르도록 내버려두어서는 안 됩니다. 감정을 느끼는 건 잘못이 아닙니다. 그 감정을 어떻게 받아들이고 이해하느냐가 더 중요합니다. 당신은 자신의 감정을 알아차리고, 다룰 수 있는 존재입니다.

감정에 끌려가지 않고 그 안의 뜻을 헤아릴 수 있다면, 당신은 이미 어떤 분노나 미움에도 사로잡히지 않는 단단한 사람입니다. 자신의 본성을 부정하기보다, 그 본성을 이해하고 현명하게 다루는 법을 배워 보세요.

💬 나는 최근 누구에게 미움을 느꼈을까?

작은 행동이 거슬렸던 사람이 있었는지 떠올려 봐. 그 감정은 언제부터 생겼을까?

💬 내가 품었던 미움 뒤에는 어떤 마음이 숨어 있었을까?

혹시 인정받고 싶은 마음, 소외되고 싶지 않은 마음이 있었던 건 아닐까?

3

나도 모르게
눈치를 보게 돼

...

친구들이랑 영화 얘기하다가

내가 좋아하는 감독 이름이 나왔길래 그만 신나서 덕후 모드 발동.

필모그래피랑 수상 이력까지 줄줄 읊었다. 그랬더니 친구 한 명이

"아, 너 이런 거 좋아했어? 몰랐네…."라고 떨떠름하게 대답했다.

그제야 벙쪄 있는 다른 친구들의 얼굴이 눈에 들어왔다.

좀 전의 내 모습, 과몰입 오타쿠처럼 보였겠지?

괜히 나댄 것 같다. 왜 이렇게 나는 나 자신을 드러낼 때마다 움츠러들까?

내가 좋아하는 걸 말하는 게 왜 이렇게 어렵지?

나는 왜 항상 나한테조차 떳떳하지 못한 걸까.

훗ᄂ그 감독 영화는 다 봤지.
지난번에 오ᄂ스카도 받았잖아.
그..그래
...
?
괜히 나댔네···

눈치 보는 게 너무 피곤해

교실에 들어설 때마다 친구들의 눈빛이 신경 쓰이고, 대화를 나눌 때마다 상대방의 표정과 말투가 자꾸만 마음에 걸려. "나 이상하게 본 건 아닐까?" "내가 또 실수한 건 아닐까?" 이런 생각 때문에 하루하루가 너무 힘들고 불안해. 카페에서 음료 주문할 때도, 버스에서 자리 잡을 때도, 심지어 복도에서 걸을 때도 다른 사람들이 나를 어떻게 볼지 신경 쓰느라 정작 내가 뭘 하고 싶은지 모르겠어.

나는 왜 이렇게 남들의 시선을 신경 쓰며 사는 걸까? 덴마크 철학자 키르케고르는 인간의 불안과 실존을 깊게 탐구한 철학자야. 그는 이런 메시지를 전했어.

"진정한 자신이 되기 위해서는,
타인의 시선에서 벗어나야 한다."

이런 불안은 네가 약해서가 아니라, 나로 살아가려는 순간에 생기는 흔들림이야.

키르케고르의 '군중 속 개인'

키르케고르는 인간이 본래부터 '군중 속에 살기 쉬운 존재'라고 보았어. 사람들은 대부분 타인의 기준을 따라 살고, 그 기준에서 벗어나는 걸 두려워해. 그는 이를 '군중의 존재'라고 표현하며 이렇게 말했어.

"군중은 진리가 아니다.
개인이야말로 진리에 이르는 길이다."

우리도 그래. 타인의 눈치를 보는 이유는 '내가 다르거나 이상하다고 여겨지는 걸 두려워하기 때문'이야. 예를 들어, 친구들이 모두 같은 브랜드 옷을 입을 때 나만 다른 옷을 입으면 어색해지잖아. 아니면 친구들이 모두 좋아한다는 아이돌을 나는 별로 안 좋아한다고 솔직하게 말하기 어려울 때도 있지. 키르케고르는 이런 상황에서 '군중의 일부가 되는 것'이 편하긴 하지만, 결국 진짜 나를 잃어버리게 만든다고 경고했어.

눈치 보는 이유 '선택의 현기증'

키르케고르는 자유가 주어질 때 사람들이 겪는 혼란을 이렇게 표현했어.

"불안은 선택의 현기증이다."

우리가 눈치를 보는 이유는, 진짜 내 모습을 보여 줄지, 아니면 남들이 좋아할 모습을 보여 줄지 선택할 자유가 있기 때문이야. 이런 선택 앞에서 우리는 현기증을 느껴.

내가 다른 사람과 다를 수도 있고, 나만의 생각과 판단이 있을 수 있다는 그 자유가 오히려 우리를 더 혼란스럽게 만들어. 생각해 봐. 만약 우리가 로봇처럼 정해진 대로만 살아야 한다면, 눈치 볼 필요도 없을 거야.

하지만 우리는 매 순간 선택할 수 있어. "내가 좋아하는 책을 말할까, 친구들이 좋아하는 유튜버를 말할까?" "나답게 행동할까, 분위기에 맞춰 줄까?" 바로 그 선택의 자유가 때로는 부담스럽고 무서운 거야. 그 자유가 주는 무게를 견디지 못하면, 사람들은 남의 의견과 시선에 맞춰 사는 쪽을 택하게 돼. 바로 그때부터 남의 눈치를 보는 삶이 시작되는 거야.

눈치를 본다는 건, 나를 잃어버리는 것

키르케고르는 '자신을 잃어버린 삶'을 가장 큰 위험이라고 봤어. 그는 이것을 '죽음에 이르는 병'이라고도 불렀어. 몸은 살아 있지만 진짜 자아는 죽어 가는 상태 말이야.

> "자신을 잃어버리는 것은 엄청난 위험이다.
> 그런데 이것은 너무나 만연히, 조용하게 일어난다."

남의 시선에 맞춰 살다 보면 결국 진짜 내 모습은 사라지고, 타인의 기준이 나를 지배하게 돼. 예를 들어, 친구들이 좋아한다고 해서 내가 정말 싫어하는 음식을 억지로 맛있다고 말하거나, 내 취미를 유치하다고 생각할까 봐 숨기게 되는 것처럼. 처음엔 작은 거짓말이었는데, 점점 내가 뭘 좋아하는지, 뭘 싫어하는지조차 헷갈리게 돼. 친구들의 눈치를 보는 삶은 처음엔 안전해 보일지 몰라도, 결국 나를 공허하게 만들어.

눈치 보지 않는 선택

키르케고르는 이런 불안을 넘어서는 방법으로 자기만의 선택을 해 나가는 삶을 이야기했어. 그 선택이란 타인의 시선과 판단에 휘둘리지 않고, '진짜 나'로 살아가기 위한 방향을 스스로 정하는 일이야. 그는 자기 자신으로 살아가는 것이야말로 절망에서 벗어나는 길이라고 보았어.

물론 이런 선택은 쉽지 않아. 남들과 다른 길을 택하는 건 외롭고 불안하게 느껴지기 때문이야. 하지만 키르케고르는 바로 그 선택 속에서만 우리는 진짜 행복하고 충만한 삶에 가까워질 수 있다고 생각했어.

그래서 그는 '개인이 되는 것'을 인생의 가장 큰 과제라고 보았지. 다른 누구도 대신할 수 없는 선택들을 통해 유일한 내가 되어 가는 것, 그것이 키르케고르가 말한 삶이었어.

네 안의 목소리를 믿어 봐

남들의 시선을 너무 의식한다고 느껴질 때가 있어. 하지만 중요한 건, 그런 순간에 '내가 이상한가?' 하고 스스로를 의심하지 않는 거야. 키르케고르가 말했듯이, 불안은 자유의 증거거든. 남들의 눈치가 아니라, 네 안의 목소리를 더 믿어 줘.

때로는 그게 너무 어려울 수 있어. 발표 시간에 다른 친구들이

귓속말을 하는 것 같고, 선생님이 실망한 표정을 짓는 것 같은 상황에서 자신감을 유지하기란 정말 쉽지 않으니까.

처음엔 작은 상황부터 시작해 봐. 옷 하나를 고르거나, 의견을 말하는 작은 순간에서부터 시작할 수 있어. "오늘은 내가 정말 입고 싶은 옷을 입어 보자." "이번엔 내 진짜 생각을 한번 말해 보자." 이런 식으로.

모든 사람이 타인의 시선을 신경 쓰며 살아가. 겉으로 자신감 넘쳐 보이는 친구들도 내면에는 비슷한 고민을 안고 있을지도 몰라. 그러니 너무 혼자라고 느끼지 않았으면 해. 네가 타인의 시선에서 조금씩 자유로워질 때, 진짜 너의 모습을 발견하는 기쁨을 느낄 수 있을 거야.

　인간은 본능적으로 남의 시선에서 벗어나는 행동을 하면, 순간적으로 움츠러들거나 멈칫하게 됩니다. "이렇게 해도 괜찮을까?" "다른 사람들이 나를 이상하게 보지는 않을까?" 불안해지기도 하지요.

　하지만 불안은 자유의 증거입니다. 불안을 느낀다는 것은, 이제 남이 정한 길에서 벗어나 내가 직접 선택해야 하는 순간에 서 있다는 뜻입니다. 로봇처럼 정해진 대로만 산다면 불안할 일도 없을 것입니다.

　그러나 우리는 자유롭게 선택할 수 있는 존재이기에 그만큼 마음이 떨리고 두려운 것입니다. 그 불안을 마주할 때, 비로소 우리는 자기 삶의 주인이 되어 갑니다.

타인의 시선에서 벗어났을 때, 내가 가장 하고 싶은 일은 무엇일까? 남 눈치 안 보고 내가 정말 좋아하는 걸 해 본다면, 무엇에 도전하고 싶어?

4

꼭 말로 해야 알까?

· · ·

수진이와의 약속이 세 번이나 어그러졌다.

이번엔 정말 만나고 싶었는데.

'나 토요일 오전에 보충 생겼어.'라고 톡을 보냈더니,

3초도 안 돼서 답장이 왔다. '그럼 다음에 만나자. 나도 쉬고 싶었어.'

약속을 미룬 건 난데, 왜 내가 더 서운한 걸까?

얘는 원래 나랑 안 만나고 싶었던 건 아닐까?

나는 수진이랑 이렇게 불편해지기 싫다.

만나서 못다 한 수다도 떨고, 예쁜 카페도 가고,

나눠 끼려고 산 팔찌도 얼른 주고 싶은데.

이런 내 마음을 수진이는 알까?

수진ㅡ 나 토요일 오전에
보충 생겼어ㅡ
그럼 다음에 만나자.
나도 쉬고 싶었어!
미룬 건 난데,
왜 이렇게 서운하지…

말로 다 전해지지 않는 마음

친구와의 대화가 어색해지고, 말 한마디로 오해가 생기고, 가까웠던 사이가 갑자기 멀어질 때마다 마음이 무거워져. "내가 뭘 잘못했지?" "왜 자꾸 나만 친구 관계가 어려운 걸까?" 오해를 풀고 싶지만, 마음을 전하려 할수록 더 꼬이고, 내가 원하는 걸 말로 정확히 표현하는 건 너무 어렵지. "미안해." "고마워." "네가 좋아." 라는 감정은 분명 마음속에 있는데, 막상 입에서 나오는 말은 전혀 다른 내용일 때가 많아.

"언어의 한계는 곧 내 세계의 한계다."

20세기 오스트리아의 철학자 비트겐슈타인은 이런 통찰을 남겼어. 그는 우리가 말로 표현할 수 없는 영역이 생각보다 훨씬 크다는 걸 발견했지.

언어는 완벽하지 않다

비트겐슈타인은 우리가 사용하는 언어가 생각이나 감정을 정확하게 담아낼 수 없다고 보았어. 『논리–철학 논고』에서 그는 이렇게 말했지.

이 말은 꼭 아무 말도 하지 말라는 뜻이 아니야. 언어가 충분하지 않을 때가 있다는 걸 깨닫고, 언어를 넘어서는 이해가 필요하다는 뜻이야.

친구와의 관계에서도 마찬가지야. "괜찮아."라고 말했지만 사실은 괜찮지 않을 수도 있고, "별로 안 중요해."라고 말했지만 정말 중요한 경우도 있지. 우리 마음은 그렇게 단순하지 않거든.

우리는 때로 진짜 마음과 반대되는 말을 하기도 해. 그건 우리가 거짓말을 해서가 아니라, 복잡한 감정을 간단한 언어로 표현하는 게 어렵기 때문이야.

언어로 다 표현할 수 없는 감정들

친구에게 느끼는 섭섭함, 외로움, 모호한 기분 같은 건 정말 설명하기 어려워. 우리는 자꾸만 말로 모든 걸 해결하려 하지만, 마음과 감정은 언어의 범위를 넘어서 있어. 비트겐슈타인은 언어가 생각을 표현해 주기도 하지만, 동시에 제한하고 있다고 말했어.

생각해 봐. 친구가 나에게 상처 주는 말을 했을 때, 그 순간 내가 느끼는 감정을 정확히 설명할 수 있어? "화가 나." "속상해." "실망이야." 같은 단어들로는 그 복잡하고 미묘한 감정을 다 담을 수 없잖아.

친구와의 관계가 힘든 이유는 어쩌면 서로의 마음을 언어로만 풀려고 하기 때문일지도 몰라. 언어는 분명 소통의 도구이지만, 동시에 소통을 방해하는 벽이 되기도 해.

언어 게임이라는 힌트

비트겐슈타인은 후기 철학에서 '언어 게임'이라는 개념을 제시했어. 이는 언어가 사용되는 맥락과 상황에 따라 의미가 달라진다는 뜻이야.

"행동으로 보여 줄 수 있는 것은 말로 설명할 수 없다."

같은 "안녕?"이라는 말도 아침에 만났을 때와 헤어질 때, 기분 좋을 때와 화났을 때의 의미가 전혀 달라. 친구와의 대화에서도 마찬가지야. 같은 말이라도 상황, 표정, 목소리에 따라 완전히 다른 뜻이 되거든.

때로는 친구의 "괜찮아."가 정말 괜찮다는 뜻이 아니라 "더 이상 말하고 싶지 않아."일 수도 있고, "고마워."라는 말 속에 "미안해."가 숨겨져 있을 수도 있어. 비트겐슈타인은 이런 언어의 복잡함을 이해하는 것이 진정한 소통의 시작이라고 봤어.

이해하기 어려운 건 당연하다

비트겐슈타인은 언어를 초월한 이해를 강조했어. 그는 때로 침묵이 언어보다 더 깊은 소통을 이끌 수 있다고 봤어. 친구 관계가 힘들 때, 모든 걸 꼭 말로만 풀 필요는 없어. 친구의 표정이나 몸짓, 눈빛만으로도 마음을 읽을 수 있어.

진정한 우정은 이렇게 언어를 넘어 서로를 이해하려는 노력에서 시작돼. 예를 들어, 친구가 "괜찮아."라고 말하지만 표정은 어두울 때가 있어. 말을 믿어야 할까, 아니면 표정을 믿어야 할까? 비트겐슈타인이라면 이렇게 말했을 거야. "둘 다 진실이야." 입으로는 괜찮다고 말하고 싶지만, 마음속에서는 괜찮지 않은 상태일 수도 있으니까. 이런 복잡한 마음을 있는 그대로 인정하고 받아들이는 것, 그게 진정한 이해의 시작이야.

말보다 깊은 마음

친구 관계는 정말 어려워. 가장 가까운 사이인데도 말로 표현되지 않는 감정들이 많으니까. 비트겐슈타인의 말처럼, 때로는 침묵과 공감이 필요해.

서로의 말뿐 아니라, 말로 표현되지 않은 마음까지 읽어 보자. 수진이와의 관계처럼, 가끔은 "계속 친구로 지내고 싶어."라는 간단한 말도 하기 어려울 때가 있어. 그럴 땐 말이 아닌 다른 방식으로 표현해 보는 건 어떨까?

함께 시간을 보내거나, 작은 메모를 남기거나, 그냥 웃어 주는 것만으로도 마음은 전해질 수 있어. 친구와 오해가 생겼을 때, 잠시 말을 멈추고 상대의 마음을 느껴 보려 해 봐.

너무 애쓰지 않아도 괜찮아. 서로를 이해하려는 진심만 있다면, 언젠가는 그 마음이 전해질 거야. 친구 관계에서 완벽한 이해는 불가능할지도 몰라. 하지만 완벽하지 않아도 계속 함께하려는 마음, 그게 바로 우정의 아름다움 아닐까?

친구 관계는 서로의 마음을 이해하고 소통하는 법을 배우는 과정입니다. 모든 것을 굳이 말로 설명하려 하지 않아도 됩니다. 때로는 침묵이 더 깊은 이해를 가져오기도 하니까요.

가까운 친구라도 마음을 전부 설명하기는 어렵고, 때로는 표정이나 분위기, 침묵 속에 더 많은 마음이 담겨 있기도 합니다. 그 여백을 존중할 때, 오히려 더 깊고 진실한 관계가 만들어집니다.

우리가 명확히 말할 수 없는 것들 속에, 삶의 중요한 부분이 담겨 있습니다. 우정도 마찬가지예요. 말로 다 설명할 수 없기에 더 소중하고, 어쩌면 신비로운 것일지도 모릅니다.

💬 친구와 대화할 때 가장 힘든 부분은 무엇일까?

내가 솔직하게 말하지 못해서일까, 아니면 친구가 내 마음을 잘 알아차리지 못해서일까?

5

나는 혼자가 편한데…

…

친구들이 주말에 떡볶이 먹고 코인 노래방에 가자고 했다.

그런데 어떡하지? 이번 주는 안 될 것 같다.

"약속 있어? 누구랑? 뭐 하는데?" 꼬치꼬치 캐묻는 친구들에게

적당히 둘러대고 빠져나왔다. 왜냐고?

아주아주 중요한 '나와의 약속'이 있기 때문이다.

1년 만에 최애 드라마 새 시즌이 올라왔다.

방해 금지 모드 ON, 간식 세팅 완료. 경건하게 정주행 달릴 예정이다.

친구들과의 떡볶이-코노 코스가 싫은 건 아니다.

다만, 혼자 보내는 시간이 더 편하고 필요할 뿐.

이런 나… 어디 이상한 걸까?

떡볶이 먹으러 가자!
약속 있어~
재밌겠다~
나와의 약속
찐ㅡ행복

혼자가 편한데, 내가 이상한 걸까?

친구들과 어울리는 것도 좋지만, 가끔은 나만의 시간이 더 좋아. 말하지 않아도 되는 조용한 순간, 생각에 잠길 수 있는 그 시간이 더 편하기도 해.

"나는 왜 이렇게 혼자가 좋을까?" "사람들이랑 어울리는 게 싫은 건 아닌데…" "혹시 나, 이상한 걸까?" 이런 생각이 드는 건 당연해. 왜냐하면 우리는 어릴 때부터 '사회적인 존재'로 살아가야 한다고 배워 왔기 때문이야. 학교에서도, 집에서도, TV에서도 늘 "친구들과 잘 어울려라." "사람들과 함께해야 행복해진다."라는 말을 듣거든.

하지만 20세기 독일 출신의 정치철학자 아렌트는 우리에게 이렇게 말해. "진정한 사유는 혼자일 때 시작된다." 아렌트는 홀로코스트를 겪으며 인간의 본성과 사회에 대해 깊이 탐구한 철학자야. 그녀가 발견한 건, 진정한 나 자신을 아는 건 혼자 있을 때만 가능하다는 거였어.

한나 아렌트가 본 인간의 조건

아렌트는 인간의 삶을 '노동' '작업' '행동'의 세 가지 활동으로 나누었어. 노동은 생존을 위한 활동, 작업은 창조적 제작 활동, 그리고 행동은 타인과 관계 맺는 사회적 활동이야. 하지만 아렌트는 이 모든 것보다 중요한 게 '사유'라고 봤어.

"가장 깊이 있는 사유는

내가 나 자신과 함께 있는 고독 속에서 시작된다."

생각해 봐. 친구들과 함께 있을 때, 너는 주로 무엇에 집중해? 상대방이 뭘 생각할지, 어떻게 반응할지, 재미있게 해 줘야 한다는 부담감… 이런 것들이 먼저 떠오르지 않아?

반면 혼자 있을 때는 어때? 아무도 나를 판단하지 않는 그 공간에서, 너는 진짜로 "나는 뭘 좋아하지?" "나는 어떤 사람이지?" 같은 질문을 던질 수 있어. 아렌트는 바로 이 사유의 시간을 가장 소중하게 여겼어.

고독과 고립의 차이

아렌트는 혼자 있는 시간을 '고독'과 '고립'으로 명확히 구분했어. 고립은 타인과의 단절로 인해 불안해지는 상태야. 친구들이 나를 빼고 놀거나, 아무도 나를 이해해 주지 않는다고 느낄 때의 그 외로움 말이야.

반면 고독은 스스로 선택한 나만의 시간에서 오히려 사유가 깊어지는 상태야.

"고독은 내가 나 자신과 함께 있는 상태이고,

고립은 모든 이에게 버려진 상태다."

너는 혼자 있는 시간에 생각이 많아지지 않아? 오늘 있었던 일들을 되돌아보고, 내일 뭘 할지 계획하고, 가끔은 미래에 대한 막연한 꿈도 꾸고. 그건 이상한 게 아니라, 자기 자신과 대화하는 시간을 가지는 중이라는 뜻이야. 아렌트는 이렇게 강조했어.

"자기 자신과 편안하게 지낼 수 있는 사람이

다른 사람들과도 진정으로 편안하게 지낼 수 있다."

진짜 좋은 관계란, 각자가 고유한 '나'로 존재할 수 있을 때 가능한 거야.

사회는 왜 '함께'를 강요할까?

우리는 자주 이런 말을 들어. "친구들과 잘 어울려야 해." "혼자 있으면 외톨이가 돼." "사람은 원래 사회적 동물이야." 하지만 모든 사람에게 '같은 방식'의 관계가 필요한 것은 아니야. 어떤 사람은 많은 사람과 어울릴 때 에너지를 얻고, 또 어떤 사람은 조용한 개인적 시간 속에서 자신을 충전해. 한나 아렌트는 이런 차이가 당연하다고 봤어. 모든 사람이 똑같을 수는 없거든.

"우리는 모두 인간이지만,

그 누구도 서로 같지 않다."

그래서 아렌트는 사회가 말하는 '정상'이라는 기준에 의문을 제기했어. 모든 사람에게 똑같은 방식으로 살라고 강요하면, 각자의 개성은 사라져 버린다고 봤거든. 그리고 그런 사회는 결국 건강할 수 없다고 말했어. 아렌트에게 '다름'은 문제가 아니라 자연스러운 거였어. 각자 자기만의 방식으로 사는 걸 인정해 주는 사회가 바람직하다고 믿었지.

나를 더 깊이 들여다보는 창문

혼자 있을 때 그 시간을 어떻게 쓰느냐도 더 중요해. 나는 혼자 있을 때 어떤 생각을 하나? 그 생각이 나를 더 단단하게 만들어 주고 있나? 나는 나 자신과 얼마나 친한가?

아렌트는 혼자 있는 시간이 많았지만, 그 시간 동안 세상을 통찰했고, 가장 치열하게 '함께 살아가는 방법'을 고민했어. 나치 독일에서 피난민으로 살아야 했던 그녀에게 고독은 외면이 아니라, 내면으로 깊이 들어가는 창문이었어.

"생각한다는 것은 나 자신과 대화를 나누는 것이다.

이 대화가 가능한 사람만이

타인과도 진정한 대화를 나눌 수 있다."

생각해 봐. 자기 자신과도 편하지 못한 사람이 어떻게 다른 사람과 진정으로 편할 수 있겠어? 혼자 있는 시간을 통해 자신을 이해하게 된 사람이, 오히려 다른 사람들과도 더 깊고 의미 있는 관계를 맺을 수 있는 거야.

선택한 고독의 힘

세상은 너무 자주 '같이 있어야 행복하다.'라고 말해. 하지만 진짜 행복은 '내가 나로서 편안한 상태'에서 시작되는 것 아닐까? 혼자 있는 걸 좋아한다고 해서, 너는 외로운 사람이 아니야. 오히려 그 시간 동안 너는 누구보다 깊은 생각을 하고, 세상과 더 건강한 관계를 맺을 준비를 하고 있는 거야.

친구들과 함께하는 시간도 좋지만, 그보다 먼저 필요한 건 '나 자신과 친해지는 시간'이니까. 아렌트가 말했듯이, 자기 자신과 대화하는 법을 배운 사람만이 진정으로 타인과도 대화할 수 있게 되는 거야.

가끔은 "노래방 가고 싶지 않아."라고 솔직하게 말해 보는 건 어떨까? 생각보다 많은 친구들이 이해해 줄지도 몰라. 어쩌면 그들 중에도 너처럼 혼자 있는 시간을 소중히 여기는 사람이 있을 수도 있어.

선택한 고독과 외로움은 다른 거야. 네가 혼자 있는 시간에 기쁨을 느낀다면, 그건 네 영혼이 자라고 있다는 신호일 거야. 그런 시간을 통해 네가 더 깊이 있는 사람, 더 진정성 있는 사람으로 성장하고 있다는 뜻이야.

혼자 있는 시간은 자신을 더 깊이 이해하고, 진정한 나로 성장해 가는 소중한 과정입니다. 그 시간 동안 우리는 생각하고, 감정을 정리하고, 삶의 방향을 스스로 점검해 볼 수 있지요. 혼자만의 시간이 당신의 생각을 자라게 하고, 당신을 더 깊이 있게 만들어 줄 것입니다.

다수의 기준에 맞추려 애쓰지 않아도 됩니다. 당신의 호흡, 당신의 속도, 당신만의 방식을 따라 살아가 보세요. 혼자 있는 당신은 결코 이상하지 않습니다. 그건 당신이 지금, '당신다운 삶'을 향해 나아가고 있다는 증거입니다.

진정한 개인이 모여야 비로소 건강한 공동체가 만들어집니다. 당신이 먼저 자신과 친해질 때, 다른 사람들과도 더 깊고 단단한 관계를 맺을 수 있습니다.

잠깐, 너는 어떻게 생각해?

💬 내가 혼자 있고 싶을 때, 주변 사람들에게 어떻게 설명할 수 있을까?
상처 주지 않으면서 내 공간과 시간을 지킬 수 있는 말은 어떤 걸까?

6

사랑은 왜 이렇게 복잡할까?

…

윤서가 날 보고 웃을 땐 셔츠 단추가 팅겨 나갈 것처럼 심장이 요동친다.

짝사랑은 약도 답도 없다.

쉬는 시간에 윤서가 다른 애랑 장난치는 모습만 봐도

세상을 다 뺏긴 것처럼 질투가 나고 속상하다.

쟤도 윤서한테 관심 있는 걸까? 그렇다면 내가 먼저 나설까?

아냐, 차이면 어쩌지?

마음이 하루에도 몇 번씩 부침개처럼 뒤집힌다.

아아…. 공부보다 사랑이 500만 배쯤 더 어렵다.

뭐야… 저 자식은
쟤도 윤서한테 관심 있나?

좋아하는 마음이 너무 복잡해

어떤 날은 설레고, 어떤 날은 괜히 속상하고, 같은 사람을 생각하면서 웃기도 하고 눈물 나기도 해. "이게 진짜 사랑일까?" "내가 느끼는 감정이 맞는 걸까?" 사랑은 늘 마음을 흔들고, 자꾸만 불안하게 만들어. 누군가를 좋아하면서도, 나는 더 혼란스러워지는 느낌이야. 내 마음인데도 내가 제어할 수 없고, 하루에도 몇 번씩 감정이 올라갔다 내려갔다 해.

그 사람이 나를 봐 주면 세상을 다 가진 기분이고, 무관심하면 내가 별거 아닌 존재가 된 것 같아. SNS에 다른 사람과 찍은 사진을 올리면 마음이 무너지고, 나한테 웃어 주면 며칠 동안 그 순간만 생각하게 돼. 심리학자이자 철학자인 프롬은 『사랑의 기술』에서 이런 말을 했어.

"사랑은 무엇보다도 감정이 아니라,

결심이고, 선택이며, 판단이다."

프롬은 우리가 사랑에서 느끼는 혼란과 복잡함이 지극히 자연스러운 일이라고 봤어. 왜냐하면 우리는 아직 사랑하는 법을 배우고 있는 중이거든.

사랑에도 훈련이 필요해

프롬은 사랑을 단순한 감정이 아니라, 배우고, 익히고, 실천하는 삶의 기술이라고 보았어.

"진짜 사랑은 단순히 빠지는 것이 아니라,

자기 자신을 잃지 않으면서도

상대를 진심으로 이해하려는 노력이다."

생각해 봐. 우리는 공부하는 방법, 운동하는 방법, 요리하는 방법은 배우는데, 정작 사랑하는 방법은 누구도 가르쳐 주지 않아. 그래서 사랑 앞에서 우리는 늘 서툴고 헤매는 거야.

하지만 사랑은 우연히 찾아오는 '감정'이 아니라, 의식적인 선택과 연습이 필요한 '능력'이라고 할 수 있어. 마치 피아노를 치거나 그림을 그리는 것처럼, 사랑도 시간을 들여 차근차근 배워 가는 기술인 셈이지. 그래서 사랑이 복잡하고 어려운 거야. 우리는 아직 '사랑하는 법'을 충분히 배우지 못했거든. 하지만 그렇다고 해서 포기할 필요는 없어. 모든 기술이 그렇듯이, 연습하면 늘어나는 거니까.

우리는 왜 사랑 앞에서 흔들릴까?

프롬은 현대 사회가 사랑을 '소유'로 오해한다고 지적했어. "그 사람이 나만 좋아했으면….""내 마음만큼 상대도 똑같이 좋아해 줘야 해.""왜 다른 사람들과도 친하게 지내는 거야?"

이런 생각들은 사랑을 소유욕으로 바꿔 버려. 상대의 관심과 애정을 혼자 다 갖고 싶어 하고, 그 사람이 다른 누구보다 나만 생각해야 한다고 여기게 돼. 하지만 프롬이 말하는 진짜 사랑은 정반대야. '상대의 자유를 인정하는 것'이 진정한 사랑이라고 봤어.

"사랑은 사랑하는 대상의 삶과
성장에 대한 적극적인 관심이다."

쉽게 말해서, 진짜 사랑은 "내가 원하는 대로 너를 만들고 싶어."가 아니라 "네가 행복하고 건강하게 자라길 바라."라는 마음이야. 상대가 나 때문에 제약을 받는 게 아니라, 나와 함께 있음으로써 더 자유롭고 행복해지기를 바라는 거지.

진짜 사랑은 '성장'이다

프롬은 성숙한 사랑의 네 가지 핵심 요소를 제시했어.

❶ 배려 상대방의 필요와 고통에 민감하게 반응하는 마음

상대가 힘들어할 때 진심으로 걱정하고, 기쁠 때 함께 기뻐하는 마음. 단순히 "괜찮아?"라고 묻는 것을 넘어서, 진짜로 그 사람의 상황을 이해하려고 노력하는 거야.

❷ 책임 말보다 행동으로 보여 주는 진심

사랑한다고 말만 하는 게 아니라, 실제로 행동으로 보여 주는 것. 약속을 지키고, 힘들 때 곁에 있어 주고, 상대가 성장할 수 있도록 응원하는 거야.

❸ 존중 상대를 있는 그대로 받아들이는 태도

"네가 이렇게 바뀌었으면 좋겠어."가 아니라, "지금의 그대로의 네가 소중해."라고 말할 수 있는 마음. 상대의 개성과 선택을 인정하는 거야.

❹ 이해 상대를 깊이 알려는 노력

겉모습이 아니라 그 사람의 진짜 마음, 꿈, 걱정거리들을 알려고 노력하는 것. 상대의 말에 귀 기울이고, 작은 이야기도 기억하는 거야.

사랑이란 시간을 들여 대화하고, 경청하고, 공감하려는 자세야. 배려·책임·존중·이해 이 네 가지는 모두 연습과 경험을 통해 자라는 능력이야. 사랑이 복잡한 이유는, 이 모든 요소들이 어우러져야 진짜가 되기 때문이야.

사랑하면서 나를 잃지 않는 법

사랑을 하다 보면, 내 감정보다 상대의 반응에 더 휘둘릴 때가 많아. 상대가 답장을 안 하면 하루 종일 불안하고, 칭찬 한마디에 하늘을 날 듯 기쁘고, 무관심한 눈빛에 혼자 무너져 버리는 날도 있어. 마치 내 기분의 리모컨을 다른 사람이 쥐고 있는 것 같은 느낌이야. 이런 상황에서 프롬은 이렇게 말해.

"사랑에서는 두 존재가 하나가 되면서도
여전히 둘로 남는 역설이 일어난다."

무슨 말이냐면, 진짜 사랑은 서로를 통해 '더 나은 나'가 되어 가는 관계라는 거야. 사랑하면서 나를 잃어버리는 것이 아니라,

사랑 안에서 오히려 나 자신을 더 깊이 알아 가는 거지.

윤서를 좋아하는 마음이 너를 더 용기 있게 만들고, 더 따뜻하게 만들고, 더 성장하게 만든다면, 그게 건강한 사랑이야. 반대로 그 마음 때문에 자꾸 위축되고, 자신감을 잃고, 다른 일에 집중할 수 없다면, 잠시 멈춰서 생각해 볼 필요가 있어.

진정한 사랑의 시작

사랑은 정말 어려워. 좋아하는 마음 하나로 시작하지만, 그 안에는 너무 많은 감정이 함께 들어 있어. 기대, 두려움, 질투, 설렘, 불안…. 윤서를 만나면 말이 안 나오고, 다른 친구와 웃고 있는 모습에 속상해지는 그 마음, 정말 자연스러운 감정이야.

하지만 프롬이 말했듯이, 그 감정을 어떻게 다루느냐가 중요한 것 같아. 진짜 사랑은 상대방을 소유하거나 통제하려는 마음이 아니라, 그 사람이 행복하기를 바라는 마음에서 시작돼.

물론 이게 말처럼 쉽지는 않지. 그래서 사랑이 '기술'이라고 하는 거야. 우리에겐 연습이 필요해. 사랑을 너무 완벽하게 하려고 애쓰지 않아도 괜찮아. 그저 너의 마음을 진심으로 바라보고, 상대도 있는 그대로 바라볼 수 있다면, 그게 진짜 사랑의 시작일지도 몰라.

　그리고 기억해. 윤서 앞에서 부끄러운 것도, 질투가 나는 것도 모두 사랑을 배워 가는 과정이야. 완벽한 사랑은 없어. 하지만 진심으로 배우려는 마음이 있다면, 그 사랑은 분명 너와 상대방 모두를 더 나은 사람으로 만들어 줄 거야. 그러니까 실수해도 괜찮아. 사랑은 그렇게 배워 가는 거니까.

　사랑은 쉬운 감정이 아닙니다. 그것은 성숙하고, 책임지며, 깊이 있게 배워야 할 삶의 능력입니다. 지금 사랑이 어렵고 복잡하게 느껴진다면, 당신이 그 감정을 가볍게 여기지 않고, 진심으로 고민하고 있다는 증거입니다. 상대를 사랑하는 동시에, 그 감정 속에서 자신도 함께 이해해 보세요. 그럴 때 사랑은 단순한 감정을 넘어, 서로를 성장시키는 힘이 됩니다.

　앞서 말했듯, 사랑은 기술입니다. 처음에는 서툴고 낯설 수 있지만, 시간과 노력을 들이면 분명 나아집니다. 자신을 너그럽게 바라보며, 서두르지 말고 천천히 배워 가 보세요. 진심으로 사랑하려는 그 마음이, 사랑의 모양을 점점 더 다듬어 줄 것입니다.

💬 나는 지금 어떤 사랑을 경험하고 있을까?

이 감정이 단순한 호감인지, 깊은 관심인지 스스로에게 물어봐.

💬 사랑하면서 나는 나를 어떻게 대하고 있을까?

내 감정을 돌보고 있는지, 혹은 상대에게만 집중하고 있는지 생각해 봐.

💬 내가 원하는 진짜 사랑의 모습은 어떤 것일까?

소유가 아닌 성장, 불안이 아닌 평온을 주는 사랑이 어떤 모습일지 상상해 봐.

참고 문헌

존 듀이, 『민주주의와 교육』, 교육과학사, 2007

바뤼흐 스피노자, 『에티카』, 김익현 역, 서광사, 2016

프리드리히 니체, 『차라투스트라는 이렇게 말했다』, 장희창 역, 민음사, 2004

임마누엘 칸트, 『실천이성비판』, 백종현 역, 아카넷, 2019

임마누엘 칸트, 『순수이성비판』, 정명오 역, 동서문화사, 2016

플라톤, 『국가·정체』, 박종현 역, 서광사, 2005

플라톤, 『소크라테스의 변명』, 황문수 역, 문예출판사, 1999

마르쿠스 아우렐리우스, 『명상록』, 박문재 역, 현대지성, 2018

존 스튜어트 밀, 『공리주의』, 이종인 역, 현대지성, 2020

존 스튜어트 밀, 『자유론』, 박문재 역, 현대지성, 2018

쇠렌 오뷔에 키르케고르, 『불안의 개념』, 한길사, 1999

장 폴 사르트르, 『실존주의는 휴머니즘이다』, 박정태 역, 이학사, 2008

마르틴 하이데거, 『존재와 시간』, 이기상 역, 까치, 2025

아르투어 쇼펜하우어, 『쇼펜하우어의 행복론과 인생론』, 홍성광 역, 을유문화사, 2023

아리스토텔레스, 『니코마코스 윤리학』, 박문재 역, 현대지성, 2022

루키우스 안나이우스 세네카, 『세네카의 행복론』, 천병희 역, 숲, 2024

아르투어 쇼펜하우어, 『살면서 꼭 읽어야 할 쇼펜하우어 인생의 지혜』, 북러버 편, 버금, 2024

공자, 『논어』, 소준섭 역, 현대지성, 2018

노자, 『도덕경』, 소준섭 역, 현대지성, 2019

헨리 데이비드 소로우, 『월든』, 정회성 역, 민음사, 2021

장 보드리야르, 『시뮬라시옹』, 민음사, 2001

시몬 드 보부아르, 『제2의 성』, 이정순 역, 을유문화사, 2021

빅터 프랭클, 『빅터 프랭클, 당신의 불안한 삶에 답하다』, 마정현 역, 청아출판사, 2021

장 자크 루소, 『에밀』, 이환 편역, 돋을새김, 2015

토마스 홉스, 『리바이어던』, 최공웅·최진원 역, 동서문화사, 2021

쇠렌 오뷔에 키르케고르, 『죽음에 이르는 병』, 임규정 역, 한길사, 2007

루트비히 비트겐슈타인, 『논리-철학 논고』, 이영철 역, 책세상, 2025

한나 아렌트, 『인간의 조건』, 이진우 역, 한길사, 2019

에리히 프롬, 『사랑의 기술』, 황문수 역, 문예출판사, 2019